# 体育文化随笔集

体育文化丛书

卢元镇 著

中山大学出版社
·广州·

版权所有　翻印必究

**图书在版编目（CIP）数据**

体育文化随笔集／卢元镇著．—广州：中山大学出版社，2021.9
（体育文化丛书）
ISBN 978－7－306－07287－0

Ⅰ．①体… Ⅱ．①卢… Ⅲ．①体育文化—中国—文集
Ⅳ．①G80－054

中国版本图书馆 CIP 数据核字（2021）第 166340 号

TIYU WENHUA SUIBI JI

| | |
|---|---|
| 出 版 人： | 王天琪 |
| 策划编辑： | 王延红 |
| 责任编辑： | 李先萍 |
| 封面设计： | 刘　犇　曾　斌 |
| 责任校对： | 陈晓阳 |
| 责任技编： | 何雅涛 |
| 出版发行： | 中山大学出版社 |
| 电　　话： | 编辑部 020-84110283，84113349，84111997，84110779，84110776 |
| | 发行部 020-84111998，84111981，84111160 |
| 地　　址： | 广州市新港西路 135 号 |
| 邮　　编： | 510275　　　传　真：020-84036565 |
| 网　　址： | http://www.zsup.com.cn　　E-mail：zdcbs@mail.sysu.edu.cn |
| 印 刷 者： | 广东虎彩云印刷有限公司 |
| 规　　格： | 787mm×1092mm　1/16　14.5 印张　254 千字 |
| 版次印次： | 2021 年 9 月第 1 版　2024 年 4 月第 2 次印刷 |
| 定　　价： | 45.00 元 |

如发现本书因印装质量影响阅读，请与出版社发行部联系调换

# 总　　序

近日，卢元镇先生文集将结集付梓，先生嘱我为其拟一序。其言殷殷，其情切切。我半推半就，信口而出："我手中拙笔，何能勾画出您魁梧身躯和硕大的脑袋已装不下的灵魂呢？"先生依然"不依不饶"。虽然这不似崔斯坦①那么惊心动魄的抉择，但还是有点力不从心的后怕，伴有一点点"听话总是吃亏"的感觉。

先生是我们圈内被称为"先生"的极少数学者之一。先生只是一介书生，可见，大家这样称呼也都是出自内心的。先生在圈内地位之高、受崇之至，由此可窥一斑！小时候，母亲带我去上学，教我称老师为先生，医生也必须称之为先生。医生为我们解除痛苦称之先生，这是理所当然，就像庚子年初抗疫的逆行者，他们当之无愧！而不断给我"制造痛苦"的老师，为何也要称之为"先生"呢？母亲斩钉截铁地回答："天地君亲师！"

我与先生相识40余年，这是上世修来的缘分。从相识、相知、相交，到彼此相处时觉得舒服（人与人相处的最高境界是舒服），不用取悦对方，不怕得罪对方。在来去匆匆、物欲横流、观念撕裂的时代，找一个能说说话的人，谈何容易？值得庆幸的是，我们找到了一个彼此可以坦诚说话的人。聊得来，始于有趣；聊得深，得于有益；聊得久，终于三观。如果你只见过卢先生站在讲台上目光如炬、声如洪钟、针砭时弊、慷慨激昂的样子，那你一定会忽略他那被演讲激情掩盖了的丰富的情感世界。你可见过先生大块吃肉，大碗喝酒，大声高歌？先生这辈子的唯一遗憾是没有醉过，我亲见他喝一斤半酒像没事人一样；而被人称"酒仙"的另一位，却醉了

---

① 崔斯坦系克莱儿·麦克福尔小说中的灵魂摆渡人。他思想清晰、经验丰富又勇敢无畏，引领了许多灵魂。

一天一夜。先生的歌声与朗诵，可是小有名气的，你可看过先生诗词唱和、散文杂评、摄影拍照？旁征博引，妙趣横生，精彩纷呈！你可知晓先生栽花养宠、叠被开床、洗菜做饭？每天为宠物洗脚，是珍爱生命的人；每天叠被开床，是一个有仪式感的人；而会洗菜做饭的男人一定是个好男人。不知诸君信否？反正我信！

先生是体育界最有文化的人之一，也是文化界最懂体育的人之一。先生读书之多、行路之远、经历之丰，让人叹为观止。尽管圈内有几位很著名、很优秀的学者跟我说过：他们是本领域读书最多的人！但我每次都要加上一句：还有卢先生。先生自侃"家学文史哲，喜爱数理化，落脚跑跳投"。先生祖籍江苏苏州，生于云南昆明，长成南人北相。先生孩提时代，正是西南联大在昆明办学的时期，他外祖父王伯祥是著名的史学家，他父母在昆明结婚的证婚人是朱自清。他父母在昆明经营的书店，是一批大名鼎鼎的文人、学者，如巴金、华罗庚、金岳霖、陈寅恪等聚会的地方。家庭是人生的第一位老师，先生不仅有"家学文史哲"的底色，身上还印满这批学者名士的"手印"。即便是跑跳投，他也能跑出诗情画意，跳出思想火花，投得五彩缤纷。

先生是体育界影响最广的学者。大至参与国家体育方略的制定，小到参与凤凰卫视节目《问答神州》的录制，处处都在传播体育文化。先生出书几十部，发表文章几百篇，演讲上千场，受众几万人。时至今日，天天有文字记录，哪怕是微博的内容，也饱含家国情怀。先生的著作、教材占了近30年中国体育学界最有影响力的著作的1/8。如此认真，如此执着，使人明白态度决定成败！先生最突出的贡献是在中国体育社会学方面，他是中国体育社会学的开山者。中国知识分子从来重名轻利，立言于世是其终身追求。一位好的学者，能够在自己的领域内留下一些值得传承记载的东西，已经可以永铭历史了。先生如此丰硕的成果，让人顿生高山仰止之感。

先生最难能可贵的是一身浩然正气，蓬勃朝气，昂扬锐气。人是要有点精神的，有了这种精神，自然会"不待扬鞭自奋蹄"。先生主业是体育社会学，而批判主义是社会学的主要理论范式。这不禁使人想起社会学的开山鼻祖孔德：手握真理却四面楚歌，一生坎坷潦倒。事后万千鸣笛，不如当初一哨吹起。社会需要喜鹊，更需要啄木鸟！先生一生也有沟沟坎坎，有很多机会为官、从政、经商。在改革开放的大潮中,鱼龙混杂,大浪淘沙,就看谁能坐得稳、守得住、走得远。先生始终有一身磊落的士人风骨,道统文化始终主宰着他。他可以在自己的精神世界里做自己的主,称自己的王!这样的人生才有长度、宽度和高度。他的高,别人难以企及;他的远,别人难以抵达。到了最后,也只有具备真人格、真性情、真才华的人才能到达。

我深信:一切成功是做人的成功,一切失败是做人的失败。

2020 年 4 月 8 日

# 自　　序

在现代文明社会，参与体育运动是一个越来越常见的社会现象。人们主动参与体育运动的意识得以提高，媒体在深度和广度上对体育运动的传播促进了大众对体育新闻人物与事件的关注。很多时候，在体育运动中产生的问题会成为社会讨论的焦点。

关于体育问题的讨论，往往可以以体育社会学为学科背景，因此体育社会学工作者常常会对体育新闻进行归纳总结，进而上升为对一种社会现象的解释，提交给社会大众。过去，我经常会在平面媒体或电视栏目上承担这项工作。但如今随着科技的发展，借助新媒体反应迅速、受众面广以及即时互动的优势，我便将这项工作转移到了网络上。

这项额外的工作，开始仅在"体育在线"之类的相对专业的圈子里进行，后来我尝试使用微博，但微博有字数的规定，限制了表达的篇幅。在几年的时间内，我也写下了数千条微博，集成了一本《微言小议》。再后来转战微信公众号，文字量不限，但操作过程比较烦琐，最终选择了微信朋友圈作为窗口。几年下来书写的字数又凑够了一本集子，也就是本书，某种程度上也算是一种"微言小议"。

本书的写作主题是关于中国的现实体育生活，绝非无病呻吟、无事生非。有些话题尽管很微小、很单薄，甚至无关宏旨，但自认为一定是鲜活的、有独立见解的、有批判精神的；这或许就是体育社会学的学科责任所在。

本书的内容大多完成于退休之后，离开工作岗位后的写作有更强的自由度，内容也更宽泛，不再拘泥于传统体育理论教材的条条框框，不再因考虑在校学生的眼光而辖制笔墨，文字也力求生动活泼，以适应不同读者，这种开怀的写作方式过去是很少有的。这一改变对自己来说是一种难得的体验，也是一种人生享受。因此，我对每天在网上陪伴我的读者们心怀深深的感激之情,是大家的激励使我有了将这些长长短短的文字汇集成书①的勇气。

卢元镇

2021 年于锦州容笑斋

---

① 本书分为两部分:一部分收录了作者发表于纸媒、新媒体上关于体育文化的随笔;另一部分是作者为体育等相关著作所作的序言。——编者注

# 目　　录

## 第一部分　随笔

一、体育原理 / 3
　　体育活动与身体活动的异同 / 5
　　小议体育手段 / 7
　　体育科研三句话 / 12
　　体育不是人文科学 / 14
　　浅议体育科学研讨 / 16
　　体育科学要贴近体育方法 / 17
　　体育发展的三个阶段 / 18
　　体育与人的归属感 / 19
　　运动训练的环境 / 21
　　谈体育的保守性 / 22
　　运动员的流动性与稳定性 / 23
　　妄评项群理论 / 24
　　运动训练杂议 / 25
　　运动训练与军事训练 / 26
　　谈跨界和跨项 / 27
　　运动与杂技 / 29
　　谈体育文化 / 31
　　运动的乐趣 / 32
　　体育的人性源头 / 34

体育的痕迹 / 35
体育与活力 / 36
何谓体育力量 / 38

## 二、竞技文化 / 41

竞技文化的由来 / 43
小议竞技运动的文化品质 / 44
竞技文化与良善文化 / 46
竞技之谜 / 47
竞争的文野之别 / 48
金牌面面观 / 49
中国竞技体育新的增长点 / 50
金牌是竞技体育的灵魂 / 51
话平昌冬奥会 / 52
冰雪运动与家庭介入 / 54
论运动荣誉 / 55
谈短道速滑 / 56
谈女排的拼搏精神 / 58
自行车，谁的最爱 / 60
为"自行车王国"正名 / 62

## 三、体育改革 / 63

职业体育改革迈出可喜一步 / 65
体育改革的高门槛 / 67
"基础"牢靠才能"表现"出色 / 68
"跑吧"采访实录 / 69
缺体育，更缺社团体育 / 71

## 四、大众体育 / 73

小议体育人口 / 75
公园马拉松：城市活力的标志 / 77
为马拉松实现本土化点赞 / 78

　　谈医体融合 / 79
　　大众运动项目的选择 / 80
　　万盛提供的参考 / 81
　　我与"微信运动" / 82
　　坚持健走的几点体会 / 84
　　老年人生命质量的必需品 / 86
　　挪威老年体育一瞥 / 90

**五、中国足球** / 93
　　足球之问 / 95
　　"足球之乡"复活 / 97
　　要脚踏实地踢球 / 98
　　知耻才会后勇 / 99
　　回望里皮 / 100
　　谈建设海外青少年训练基地 / 101
　　初解克罗地亚密码 / 103

**六、民族传统体育** / 105
　　武术为何总在奥运会门外 / 107
　　少林寺观箭 / 109
　　看体育如何回归本源 / 110
　　观禅弓比赛后感 / 111
　　龙舟运动的兴起 / 112

**七、学校体育** / 113
　　体育与教育 / 115
　　学校体育不能走逆行道 / 117
　　文化考试不及格不得参加比赛 / 118
　　速度，必须从娃娃抓起 / 119
　　会泽的运动优势在哪里 / 120
　　体育老师争回了尊严 / 121
　　为什么体育老师总受褒贬 / 122

学校体育的一条硬汉——王占春 / 123

## 八、体育产业 / 125

体育产业何以清淡 / 127
体育产业慢在何处 / 129
体育场景与体育产业 / 130
"健康猫"究竟是只怎样的"猫" / 131

## 九、体育评论 / 133

体坛又起风云 / 135
黑洞外的光明世界 / 136
一个人的篮球队 / 137
丁俊晖这个动作漂亮 / 138
热战场的冷观战 / 139
我要为孙杨说几句话 / 140
也谈"159" / 141
球场社会关系面面观 / 143
奥林匹克与病毒的博弈 / 144

# 第二部分　书序

李习友等《21世纪中国学校体育发展研究》序 / 147
陈青《西北民族体育文化》序 / 149
朱宙炜、张胜利《体育传播学导论》序 / 151
宋子重《中国老年体育》序 / 153
胡小明《体育休闲论》序 / 156
朱家新《新时期农村体育发展理论与实证研究》序 / 158
周传志《当代中国体育的科学发展观研究》序 / 160
王岗《中国武术文化要义》序 / 162
沈剑威、阮伯仁《体适能基础理论》序 / 164
杨弢、姜付高《中西方体育文化比较》序 / 166
张新萍《后奥运时代的中国体育》序 / 168

周君华《婴幼儿体育的理论与实践》序 / 170
李志清《乡土中国的仪式性少数民族体育》序 / 172
易剑东等《体育媒体公关：美国经验与中国借鉴》序 / 174
王漱华《晚霞尤雅》序 / 176
李辰《乐透彩票游戏概论》序 / 178
曹景川《职业化走向中的中国体育道德建设》序 / 180
杨弢、陈祥奎《古罗马竞技文化研究》序 / 182
马思远《我国中小学生体质下降及其社会成因研究》序 / 184
于军、刘天宇《幸福中国视域下的老年体育干预》序 / 186
陶坤《中韩民俗体育庆典仪式研究》序 / 189
马廉祯《美国体育与近代中国体育（1840~1937）》序 / 191
陈秀娟《我国体育体制改革深化的动力机制探究》序 / 194
李德祥《哈尼族体育》序 / 196
王和岐《王和岐诗词赋选集》序 / 198
《体育的社会文化审视》自序 / 200
《第二次全国群众体育现状调查研究（2001）》序 / 202
《中国体育社会学评说》自序 / 205
《全民健身与生活方式》自序 / 207
《中国体育文化纵横谈》自序 / 209
《中国体育文化忧思录》自序 / 211
《北京市东城区社区体育实用手册》序 / 213
《微言小议》自序 / 215
《深一脚浅一脚》自序 / 217

# 第一部分　随笔

# 一、体育原理

## 体育活动与身体活动的异同

最近,身体活动(physical activity)的概念越炒越热,世界卫生组织也提出了"身体活动有益健康"的全球倡议;有人甚至认为身体活动将取代体育活动(sport)成为体育的主概念。

人类有与动物共通的趋懒的保护性生物反应,于是,先后发明了代替手工操作的机器、提供能源的机器,甚至提供智力帮助的机器。今天,人们的身体活动越来越少,正如世界卫生组织所判断的:缺乏身体活动是导致慢性病的一种独立高危因素。这一现象的发生率在发达国家显然高于发展中国家,发达国家可能有更多的人沉迷于手机,有更多的人因工作而久坐,有更多的人摄取大量动物脂肪、动物蛋白与碳水化合物,有更多的人用汽车、电梯等工具代替日常必要的肌肉活动,有更多的人不响应大众体育的号召去锻炼。于是,冒出了一种极其无奈的做法,就是提倡以生活中的身体活动多少来代替或补充体育活动。

身体活动与体育活动在某些方面很相似,都是肌肉收缩引发的物理位移,体内也燃烧了一定的物质能量,都对减肥、避免多种慢性病发生有一定的作用。然而,它们之间的区别是明显的,更是不能相互取代的。

第一,体育活动是一种文化,身体活动不是。用走楼梯代替上电梯,用骑车代替坐汽车,显然难言其文化含义。而体育活动是人类共同创造的文化系统,它有教育、规则、竞赛、医务监督等一系列保障作为支撑。人们在参与体育活动时的文化享受在某种程度上是具有唯一性的。

第二,体育活动大多是群体性的,具有重要的社会性,而生活中的身体活动是个体性的,是可有可无、可多可少的。

第三,体育活动以科学研究作为背景,而身体活动随意性很大。体育活动对动作姿态、运动负荷、运动处方、运动禁忌,甚至为不同人群、不同病症的运动适应都提供了不同程度的科学要求。因此,体育活动对人类而言是最有价值的身体活动,而生活中的身体活动远远达不到这种程度。

第四,人类社会的进步是一个体力劳动与生活方式中的身体活动越来越少,而平均寿命越来越长的过程,这一不争的事实证明生活方式中的身体活动对人的健康寿命产生不了太大的影响。

真正能够改造人类身体的,真正能够将人类的过去、现在与未来的进化过程联系起来的可能只有体育活动。提倡在生活方式中加强身体活动，并无大害。但是，如果体育工作者信奉了体育活动可以被身体活动取代，就有点片面了。

## 小议体育手段

一位老教师对我说,一门课要教过10遍才能真正理解,教上20遍才能炉火纯青,游刃有余。体育概论是全国体育院系大一新生的体育启蒙课,而我的大学教师生涯也是从教体育概论这门课开始的。在20世纪八九十年代,每一届北京体育学院(1993年改名为北京体育大学)各系的新生都要上这门课。其中,我认为最具有纯粹体育意义、与学生最贴近的章节是——体育手段,这也是学生最感兴趣的、课堂纪律最好的一个章节。直到今天,我在外地游学时碰到曾经教过的学生,回忆起往日的情景,他们依旧会说,我听过您的体育概论课。其实,给他们留下深刻印象的是这门课中关于"体育手段"的这一章,也可能是这一部分内容对他们后来的工作最有实用价值。

后来,我从事体育社会学与社会体育的教学与研究工作,也始终关注"体育手段"的相关内容。比如讲"体医融合",我会考虑体医手段融合的事情;再比如看篮球、足球比赛,我会关注运动技术出现的新视点,久而久之,就在原来的理论上增加了一些新想法。

我重提这个话题,就是希望体育工作者重视本业,关注本业的进展。不仅要关注作为手段的体育,也要关注体育自身的手段;不仅要将体育放大,将其置于社会大环境下考虑它的功能价值,还要将体育精细化,花力气去研究每项身体练习和运动技术的实践意义与文化含义,让它们更好地发挥作用。

**体育手段之一:动作与姿势**

动作是组成体育手段的最基本要素。动作是人有意识、有目的地运用运动器官使身体与部分肢体产生物理位移的过程。人的动作与动物动作的本质区别在于有无目的与意识。因此,人的许多动作是非本能的,是能产生价值的,而动物做不到。人的动作包括:①操作动作(如生产、生活等);②文化动作(如舞蹈、演奏乐器、杂技等),体育运动的动作就属于文化动作;③满足生理需求的动作。

一般意义的动作,是指大肌肉群活动造成的位移。小肌肉群的活动,如书写、操作键盘、使用餐具等可能算不上体育动作。据统计,人类可以做出70万个不同动作,舞蹈的动作大大多于体育手段的动作。动作是一个不断发展的系统，这一点在运动领域表现得极为明显。掌握动作越多的人，机动性越强，对外界适应性越强，对突发危机事件的处理能力也越强，平时则表现得更加灵活协调，也更自信。

某些动作开始与结束时的静止状态，可称之为姿势，如武术的起式、竞技体操的下法、跳水的入水。姿势极具观赏性，是完成动作的身体与心理准备之前提，也是动作结束后的告别式，具有礼仪性质。

我们常把日常生活中站立、走路、跑步、下坐、躺卧的身体状态也称作姿势。人们对这些常态的姿势非常看重，因为这些身体姿势牵扯到外界对自我的品位、修养的评价，因此要从小培养良好的习惯。各种身体姿势的整合串联，再加上表情，就可以展现出人的风度、气质、阅历与职业特征，这对人的"第一印象"及职场地位、社会地位产生了非常重要的影响。体育十分关注动作与姿势的训练与培养。正确的动作、姿势关乎健康，有朝气的动作、姿势关乎审美。进行专门的形体训练是一些职业所必需的，如空姐、主持人。其实，教师也应该接受这方面的培训。体育运动对孩子们不良姿势的矫正和对疾病患者的体疗康复能够起到积极作用，因而越来越受到人们的重视。

体育手段之二：身体练习

身体练习，是体育手段的主要组成部分。它意指单一的动作多次重复，或一种以上动作与姿势的组合所形成的身体活动单位。身体练习比动作更具有体育意义，是人类形成体育运动这一独立的文化系统的必经过程。

身体练习大多是根据体育的某种实践需求，一部分是由体育工作者编创出来的，另一部分是在民间积累传承下来的，并随体育文化的发展而不断丰富充实起来，形成了一个体育特有的"数据库"。

身体练习的作用很大，在竞技运动中可以将其划分为基本练习与辅助练习。基本练习更接近竞技比赛时的完整运动技术，辅助练习包括运动技术的分解练习与掌握运动技术必须具备的前提性练习。训练与比赛前的热身运动与整理运动，大多要采用特定的身体练习。

身体练习简单易行，可以直接为健身健美活动提供方法。周期性运动、有氧运动大多采用可定量的身体练习，功、操、拳等活动形式大多将身体练习编成基本功或节拍性很强的操，这些操大多以8拍作为一个单元，反复进行，如广播体操、健美操、广场舞等。

在学校的体育课中，身体练习是孩子们掌握运动技术的必需步骤。体育教师掌握身体练习的种类越多，越容易达到教学目标，课堂就越活跃，教学效果也就越好。

身体练习的分类十分复杂：根据实施对象的年龄（从婴幼儿到老年人）可以逐级分类；根据组合人数可分为单人、双人、多人的练习；根据是否使用器材或使用何种器材也可进行不同的分类；根据选取练习的目的可以做更多的分类，如发展身体素养，发展体育兴趣，完成运动技术，增强体质，实现康复，等等；根据活动性质可分为游戏类、休闲类、运动类、康体类等；根据活动空间可划分为陆上、水上、空中、冰上、雪上等。

身体活动不等同于身体练习。在日常生活中人们有很多必需的身体活动，也会因之消耗能量并活动肢体，因此值得提倡。虽然我们提倡尽量用身体活动代替使用汽车、电梯等造成的物理状态的改变，但是，身体活动永远替代不了身体练习的教育性、社会性与文化性。努力提升身体练习的科学性，阐明各种身体练习与运动需求之间的因果关系，避免身体练习的盲目性，是体育学科须致力完成的一项重要任务。

体育手段之三：运动技术

运动技术是依附在人类身体上的一种特有的技术，它是一种非生产性的技术。掌握运动技术，也意味着人可以对自身进行改造，这一改造主要发生在高级神经系统。

竞技运动是体育文化的最高形态，而支撑各竞技运动项目的运动技术是这一文化形态的结晶。

竞技运动的鲜明文化特征就是它与比赛有着密切的关系，这是因为竞技运动源于人性中的好胜心，而人的好胜心几乎是无限的；我们可以认为，竞技运动只遵循繁荣发展的规律，远离凋敝。因此，运动技术的发展也注定是无止境的。

运动技术是身体练习的精华与浓缩，统领着各个身体练习的"族群"；它自身还在不断吸收新的因素，日臻完善，这些因素来自科学、艺术与教育等领域。

任何一项运动技术的形成与推进都与规则的限定有关，也与人们对这个项目的认知水平有关。往往是先有运动方式的雏形，如游戏、民间活动，然后出现简单的"规则"，再后来出现了有"技术"的能人，就有了制定权威性规则的必要性，随着规则的不断修订，运动技术得以相应演进。比如跳高技术由跨越式到背越式的变化就是按照这一逻辑推进的。从乒乓球技术的变化也不难看出规则对运动技术变化起着重要的制约作用。

从表面上看，运动技术只是少数参与竞技者的事情，但必须认识到运动技术是一种文化，它是越来越多的青少年进入运动的一道门槛，它不仅与参与者的身心健康有关，而且参与者可以在其中学习如何控制自己的身体，学习如何在群体活动中潜移默化地接受规则意识、竞争意识与主体精神的教育。排斥运动教育，拒绝运动技术教学是不可取的。

运动技术与运动技能常常放在一起讨论，其实二者不同。运动技术是完成运动的方法手段，是客观存在的事物，而运动技能则是指掌握技术的人所具备的能力，它是主观的。从微观上说，运动技能指运动者将若干运动技术组合在一起，灵活机动转化的能力，在需要多种技术的球类运动中这种技能尤为重要；从宏观上说，运动技能是指运动者学习掌握运动技术的能力，有的人掌握技术很快、很准确、很稳固，有的人就显得吃力些，这就是个体在运动技能方面显示出来的差异。掌握运动技术与提高运动技能之间存在着互为促进的关系，要在运动实践中求得解决。同时，运动技能是可以迁移到日常生活中来的，比如同是学习汽车驾驶，运动员与经常参加体育活动的人就可能优于运动不足的普通人，这是具备运动技能者可贵的"副产品"。

*体育手段之四：运动技术学习*

运动技术既是运动训练的重要组成部分，也是体育教学的重要内容。现在，越来越多的年轻人参与到各项运动中，他们往往自学，或到运动场所去接受运动技术的再教育。因此，了解一些运动技术的常识是十分必要的。

一项完整的运动技术，包括技术基础与技术细节两部分。技术基础就是体育院系各术科传授的标准化内容，可以理解为"技术轮廓"、"技术路线"、运动技术的"经典教科书"。这是总结了很多优秀运动员的技术后归纳出来的共性参数，如投掷器械的出手角度、跨栏运动员的栏间步数、投篮时球的上抛角度、速滑运动员在弯道上身体侧倾的程度等。

运动技术基础对于在校学生的运动技术学习、业余训练尤为重要，这个基础打得扎实，可谓"出身好"，未来就走得远。在这方面，我国传统杂技训练比运动训练做得好，杂技演员从小练习童子功的做法确实值得我们借鉴。

但是，运动技术如果"千篇一律""千人一面"就失去了竞技的乐趣与精彩，成了一杯白开水；还必须讲究技术细节，在某些技术环节上突出个人特点，尤其在对抗性运动项目中，还要形成"绝招"，我们经常看到的"球星"实际上就是个性强且"身怀绝技"的人。

　　构成运动技术的要素涉及力学的大部分物理量，除了运行轨迹、方向、角度、节奏等可外观的运动学度量，还有速度、冲量、能量等内部掌控的动力学度量。掌握任何一项运动技术都要经历由不会到会，由粗略到精细，由泛化、分化到动力定型的过程。国外有一门课叫运动技能学习，这是一门真正为体育开设的课程，但国内的院校对此未给予应有的重视。

## 体育科研三句话

### 一

在最近的一次讨论体育科研问题的会议上,一名博士生询问我关于做好科研工作的体会,我的回答是:"智在选择,贵在坚持,大处着眼,小处入手。"先谈谈第一点:智在选择。

人在一生中时刻面临各种选择。在竞争激烈的社会,参与选择与逃离选择,简直就是对人生道路与生命轨迹的不同追求。科研,是社会中高级人才必过的门槛,有人迈进去了,有人没有。这种分流,潜藏在背后的观念,与其说是科研需要智慧的选择,不如说科研应该被列为智者的行为。

长期科学研究的训练,将使与这一选择相关的科学研究思维融入自己的思想方法,并将科学研究的求索精神带进自己的价值观。这将意味着你会与周围的许多人不同,你会质疑、会批判、会创新、会不苟同平庸、会说出与众不同的话,因此你可能会被孤立,感到很痛苦。有时候你的顽强坚持还可能会遇到难以想象的困难。于是,做出这一选择不仅需要智慧,而且需要有勇气的智慧。

进入科研工作状态后,各种选择也随之而来,"选题"自不待言,雷同的选题、无意义的选题、不可操作的选题都因缺乏智慧而终止。开题时文献的使用、思路的确定、步骤的安排都要进行精心选择。至于研究的全过程、论文的撰写、报告的方式都要反复斟酌,需投入大量时间精力。

有的人直至高龄仍坚持科研工作,如屠呦呦、袁隆平等,科研成为他们生命的一部分。而多数人科研的热情仅昙花一现,中途退出。这两种状况的差别究其根由,或多或少都与"智在选择"四个字有关。

### 二

做科研是一件苦差事,是克服困难的过程。没有辛苦的付出,可能得不到真正的、有价值的成果。无论是蹲实验室,还是跑社会调查,要想获得真实数据,不下苦功夫断然无望,必须持之以恒。

做科研还是一件孤单寂寞的事,当别人去旅游、看电影、全家其乐融融的时候,你可能要"面壁",要苦思冥想,要忍受孤苦。坚持与放弃此时真的只有"一纸之隔"。

做科研未必会名利双收,即使你下足了功夫,也不一定会成功。科研所得与研究者的实际劳动投入往往并不相称（如屠呦呦获得的诺贝尔奖奖金也未必能够在北京买一套住房），也许有很多理由可以降低研究水准或撂挑子，但"坚持"二字提醒我们不能这样做。

怀有功利心做科研，人就很难坚持到底。有的人在写论文时就盘算好哪篇是为评职称用的，有的人把一篇学位论文分成几篇发表，或备不时之需。而当功利目的达到了或达到无望时，科研的动力也就随之消失殆尽。抛弃功利心后的苦尽甘来——科学研究成功带来的满足、自信与欢欣鼓舞——是任何其他活动可能都无可替代的，因为这是思想领域的创造与收获。

## 三

体育科研立意要高，即要"从大处着眼"。所谓大处，并非总要言必称人类、全球、国际、中国……而要将研究对象置于适宜的大环境、大背景下来考察，我们所研究的内容毕竟是一个很小的点（即小处入手），要将它放在一定的时空结构里才能对它作出准确的判断。比如，我们要对足球职业化改革中某一问题发表议论，就必须熟知中国体育改革的大方向，必须了解中国社会整体改革治理体制的总目标，必须掌握世界职业体育发展的总趋势。

体育的每项研究都要有一门或几门学科背景支撑，无论运用运动人体科学，还是体育人文社会科学，甚至直接沿用各母学科的知识，都是必需的。因为这些学科不仅可以提供基本理论观点，还可以交代研究方法。常看到有些研究的结论早已被写进了学科的教材里，这样的研究并无创新价值，这种脱离学科的闭门造车是重复性的、徒劳的。

当我们确立了一个研究对象后，会习惯性地凑近它、放大它，这对获得研究对象的性质、结构之认识无疑是必需的。然而，当我们退后几步，扩大眼界，将研究对象放在一个大背景下观察它、审视它，就可以看出它与其他事物的种种关系，以及它的发展趋势。这种背景可以是自然世界，也可以是社会全景，更可以是大的时间段，如历史分期或文化时代。

体育教学与运动训练的专业人员，包括在读研究生，在做科研的时候，常常因知识广度与工作背景的局限，写一两篇论文报告能完成，但长期坚持就困难了。这需要我们增加纸质文本的阅读量，而不是整天坐在电脑屏幕前，网上片段式的信息与书本系统的知识毕竟是不同的。日久天长，两种获取材料的不同方式造成的差异可能会体现在科研视野上。

## 体育不是人文科学

一位院士在报告中说,"体育是人文科学",此话显然不够严谨,因为体育既不是人文科学,也不是科学。体育是人类的一种社会文化活动,小到个人的肢体活动,大到奥林匹克运动会,都是人们的一种实践活动。只有人们对体育的认识、人们总结的关于体育的经验理论学说,才能进入科学范畴。人们在进行体育活动时,可以运用科学的成果,总结出人体身心与体育之间的关系以及体育的发展规律,将其提升为系统的理论,最终建立起体育科学。同样的道理,教育不是科学,教育学才是科学;建筑不是科学,建筑学才是科学;社会不是科学,社会学才是科学。这不是咬文嚼字,而是分清"知"与"行"的区别,有利于给体育与体育科学做出准确的定义。

体育与人文科学关系的表达,或许可以这样说:体育活动应该体现人文精神,或者说,体育科学包含了人文科学。这才是符合认识论的说法。

近来,有人对体育科学的存在与否提出质疑,甚至认为现在所有的体育科学研究充其量只能称为"体育学"或"体育学科",我们不妨花点时间讨论一下。

20世纪是人类科学事业发展极快的100年,其间涌现出了许多新兴学科及与相近学科组成的学科。其中,"体育科学"是在20世纪后半叶问世的。在中国,"体育科学"20世纪80年代初才得到中国科学技术协会(简称"科协")的承认,以综合科学的名义有了一席之地,到20世纪90年代中期也终于得到国家社科基金委的承认。

应该说,随着体育的改革与发展,我国竞技体育迅速登上国际舞台,全民健身日益深入人心。除此之外,关于各种体育现象的科学研究,不但科研需求在大幅度增长,而且科研实力也在逐步提高。其表现是:以数以万计的硕士、博士研究生为代表的青年科研队伍大踏步登上科研舞台,各种类型的课题、专题研究、攻关项目、政府决策研究、学位论文等覆盖了体育运动的各个领域;研究结果的表达形式逐渐增多,如学报、刊物、研讨会、论坛、沙龙、报告大会等,为研究成果提供了越来越多的发表机会;体育科研的研究手段日益丰富,与其他学科的交流、对母学科成果的吸收日渐成熟;体育科学的国际交流也日趋频繁。

但体育科学毕竟是后起的、弱势的,在很多方面还是稚嫩的,是与中国体育发展速度与规模不相称的，是需要扶植的。笔者呼吁，对于还处在发展阶段的体育科学要坚信它的未来价值，而不要泼冷水。

回顾历史，16、17世纪以前，世界上哪里有什么现代意义的医学，直到文艺复兴时期的16世纪，人体解剖学的建立标志着欧洲医学新征途的开始。经过两三百年的努力，才有了现今的医学，人类在医药科学上的投入是体育科学的亿万倍。可以相信，人们对体育科学价值真正认识、认可、认同之时，一定是体育科学大踏步发展之日。

## 浅议体育科学研讨

我以为衡量、评估一次体育科学学术活动的质量,特别是冠以"科学大会"名称的活动,至少要关注两个方面的问题:一是会议的品质,二是论文与科技成果的整体质量。

会议的品质,包括会议的权威性、会议服务于学术交流之方便与成熟程度、会务的工作效率、为会后学术成果转化及推广提供的条件等。论文与科技成果的整体质量,包括科研成果的数量、科研成果的创新和独特程度、科研成果之间的良性关系、科研成果可能引发的学术讨论、会议的学术综述、纪实的质量与反应速度。对于一次重大的报告大会,还要看它是否引发了某种新的学术潮流,在人们广泛关注的学术领域是否取得重大突破。如果一次科学报告大会能够形成体育科学或某一学科的"转折点"成为"时代代表"而被后人常常提及,那么它就肯定是成功的。

## 体育科学要贴近体育方法

体育科学,虽在中国存在了快40年,但有一件对体育至关重要的事情始终没能入这门科学的法眼,就是体育方法。最近与不同职业的人交谈,我们都不约而同地谈到了体育方法的问题:中小学体育老师认为体育教材体系陈旧;幼儿教师则说根本不知道体育活动教什么;社会体育指导员面对群众自发创造的健身方法无法评价;名高校体育院系还是进行田径、游泳、球类项目的教学,多年不变;教练员则反映多数运动项目的训练手段与世界先进水平差距太大,落后太多;民族传统体育的传承方法更加老套;等等。

总之,我们对体育手段、运动方法关注太少,而这恰恰是体育取得实质性成果的关键所在。国外有体育方法学、运动学、动作技能学习等学科,但未得到我们的高度重视。这些接地气的内容不受"高大上"的体育科学待见也可以理解,但中国体育的实践却非常需要这些鲜活的东西,因为这是最终要施加于体育参与者、运动者身上并产生实感的实际作用物,如果它是低效的、无用的,甚至是起副作用的,何谈运动成绩、教学效果、锻炼获得与心理享受?何谈体育运动在人们心目中的地位与信誉?

花重金研制出来、推广开来的广播体操不如广场舞受欢迎的事实,难道还不应该引起我们深思吗?普及程度如此之高的广场舞究竟又有多高的体育科学价值?又怎样来论证?这些都值得我们思考。

## 体育发展的三个阶段

20世纪80年代初,以得到中国科协承认为标志,体育科学正式在我国确立,成为综合性的学科。这迅速引发了传统学科和院校课程的一次大裂变,出现几十门自称的"学",这一裂变使人们对体育的研究精细化,也加大了母学科渗入的空间。经过几十年的沉淀,有些趋于成熟,有些昙花一现,现在到了需要进一步整合的阶段。

如果对体育科学体系进行粗略地区分,可分为服务于运动的运动学科和服务于人的体育学科。总体而言,体育科学尚未进入高深基础理论研究的阶段,既不能产生和运用深奥的知识,也缺乏足够支撑学科发展的信息量,重复性、雷同性的研究大量存在。现今对体育科学研究人才的知识面要求主要是广博,而对其专业性深度的要求则不显著。

概括起来,体育经历了三个发展阶段:在体育的实用阶段,主要将体育作为服务生产与军事的工具,内容是对生产动作的模仿、军事演练和体操;在体育的竞争阶段,与全球化过程同步,主要内容是以奥林匹克为核心的竞技运动;目前,体育正在进入休闲阶段,内容以自主、多元、闲适的体育项目为主。在这三个阶段中,体育始终依附于教育,并以健康关怀为主旨。人类进行体育运动是为了健康和获得文化的体验。社会发展体育的目的呈多样性,兵家为了强兵,教育家为了全面发展,媒体为了追求新闻价值……商人洞察到了商机,因而倡导体育产业。

## 体育与人的归属感

归属感,是人的重要社会心理感受。寻求归属,就是寻求认同、寻求安全、寻求机会、寻求将自己悬浮的心放下的那一刻。

体育运动是人们寻求归属感的一种社会活动,从孩提时代的朋友到少年时代的玩伴,从体育俱乐部里的队友到广场晨练的同伴,都让人们感受到心理归属的满足感。不管在群体中当队长还是当队员,当主力还是做替补,是正式上场还是看管衣物,每个人都心甘情愿地为他人尽一份责,出一份力。

体育比赛的观众也在寻求归属感,比如同类球迷要穿同样的服装,戴同色的帽子,涂同样的油彩,喊同一个口号,唱同一支队歌,这就是在证明归属、加强归属感。球星、球队可以成为归属的标志和象征。

在国际赛事上,归属可扩大上升到国家和民族层面,这种归属感就被赋予了别样的意义。金牌至上有失偏颇,但不讲金牌也是行不通的,因为不能漠视人们归属感的事实存在。

体育不仅要讲健身、健心和健美,还要讲健群。健群就是要增强人们的归属感,以及在归属感基础上形成的美好道德品质。

体育运动中的归属感与其他领域的有所不同,因为体育运动中包含着游戏、娱乐、休闲的成分,因此它确实有"趣味相投"的因素,自发性、自愿性占很大比例,所以它不同于家庭、教育、企业与军队给人的归属感。

在家庭中,人的归属,大部分是由血缘因素决定的,是难以改变的。在古代宗法社会更是强制执行——有时甚至很残酷——严厉的家规、家法、家训,而取消某人的归属权成为最大的羞辱和最严厉的惩罚。在工厂企业,人们是靠生产流程联系起来的,甚至是捆绑在一条流水线上的,这种归属难以挣脱,也难以改变。在学校教育的环境中,师生是靠班级组合起来的,师生之间、同学之间虽有一定自由选择组合的余地,但归属感并不强。军队的归属相当牢靠,一方面它有纪律约束,另一方面是在战争中有生死相托的相互依靠关系。

体育运动中这种看似松散的归属恰恰可以作为一种教育手段,孩子们在游戏运动中潜移默化地受到归属感的感染、熏陶和教育。真实的活动场景比喊口号更容易被学生接受。现在兴起的拓展运动直接将归属作为运动的核心,更容易让人体验到归属于一个强大的团体能够获得个人可能难以实现的事业成就感。

归属感是中性的，可分正、负。在运动队中要特别注意勿将归属感庸俗化，防止形成"小圈子"。良好的归属感取决于优良的道德与法治环境，更重要的因素是优质的教育。文化素质高的人形成的归属感或许更有利于社会的发展。体育运动造就的就是一种对人群、对社会有利的良好归属感。

## 运动训练的环境

小众运动项目的训练可以关起门来"自娱自乐",不受或少受外界环境影响。而大众项目,特别是需要广泛人口基数作为后备力量或票房保障的项目,如篮球;尤其是可以或正在作为社会"安全阀"和传播媒体主要宣传对象的运动项目,如足球,则必定会受到社会环境的影响。当然也要注重它对社会的能动作用,这种作用可能是正面的,也可能是负面的,因此,不可忽略某些运动项目的示范作用和榜样价值。

在举国体制下,运动员可以在特定环境下进行长期的封闭训练。因为运动员年龄小、文化程度低,很容易接受与习惯这种较为单调的的生活方式;而当他们退役时,则发现由于长期脱离社会,又缺乏成为社会成员的一技之长,因此急需完成第二次社会化过程。有的人因此落伍,前途莫测。

市场经济时代给予这种"封闭"的空间已经十分狭小。一方面,运动员的主体意识提升,独立见解增多;另一方面,社会开放、文化多元,运动员有了更多选择的机会。教练员普遍反映现在的运动员较过去难管了,因此,运动训练的体制与管理方法必须改革,管理必须建立在更高的文化层次上,激励机制必须准确到位。尤其是职业运动员,他们是一群全身标着价码的人,具有彻底的市场经济人格,对他们的法治道德约束已经成了这个运动项目成败的关键。

## 谈体育的保守性

多年前，我与一位进入体育界不久的工作人员谈体育改革的沉重与滞后时，我说，在美国的《体育社会学》教材中有一项对"保守性"排序的社会调查，官员为最，其次就是体育人士。他听后表示赞同。

为什么呢？体育不是最有竞争性的社会活动吗？很多人并不了解实情。体育的本质是非生产性的，是消耗资源的。因此，体育是社会的弱势行业，只有依附于社会或经济才能生存。体育能与社会做交换的唯有"荣誉"，奥林匹克运动会给了获胜者以国家级"荣誉"。如果管理者认同这份"荣誉"，体育事业就会昌盛。体育人士经常要揣摩谁更重视体育。因此，体育看"眼色"行事的本能造就了它的保守性。

体育可与经济交换的物品是社会健康与休闲。健康本身不产生资源，但可以减少资源损失；休闲可以改善社会心理，并充实社会时间。经济可调整体育的保守性，但我国体育经济才刚刚起步，而且有强烈的行政背景。

有关体育的知识基本上是建立在经验基础上的。在全世界，体育科学也处在发展阶段，中国体育科学的发展历史更短。即使是国际顶级教练员，也是靠长期的经验积累来执教的，体育人士习惯将自己得来的经验看作唯一的依据，这也是体育趋向保守的一个原因。体育的比赛很公开、很开放，但日常的训练却很封闭，加之文化教育的相对落后，也给保守性留出了很大的空间。

## 运动员的流动性与稳定性

运动员的流动性可提高运动竞赛的受欢迎程度,因为流动性可以提高比赛各方的均衡性,增强比赛的观赏性;而运动员的稳定性可提高运动训练的效果,因为稳定性有助于贯彻系统的训练思想,较快地提高训练水平。

流动性与稳定性是矛盾的,适度的流动性与稳定性是竞技体育体制改革应予以关注的问题。

竞技体育金字塔过多的层阶不利于训练的稳定性。20 世纪 90 年代初,曾有研究证明,我国一个运动员在成功之路上要多次更换教练,最多的达到 9 次。相对于其他项目,在我国的优势项目中,运动员与教练员大多有长期合作的经历,关系要密切得多。国家游泳队体制改革,由省级单位承担国家队的部分任务,从某种意义上讲,就是为了减少训练层次,提高稳定性。

流动性的问题比较复杂,既有体制中的纵向流动,也有跨地域的横向流动。"举国体制"将运动员单位化和固化,但在市场机制的推动下,也形成了运动员形形色色的流动方式。

运动员与教练员境内外流动问题越来越引起社会关注。职业体育不计成本地引进外援,究竟是利多还是弊大,大概还要争论一段时间,如何更有效地阻止这种现象的蔓延,还要想出更为稳妥的办法。

我国退役运动员、教练员向境外流动,到国外工作或执教,从法律上讲,无可厚非;但从民族感情上讲,会让民众心生不快,多有怨言。因为中国的运动员多由国家出钱出力培养,尽管经过多年的改革开放,民众心态较宽容了,但对这样的事实还是难以接受。然而,出境运动员也大多有自己的理由,这些问题可能也需要在竞技体育体制改革中得以解决。

## 妄评项群理论

2008年，在一个论坛上，我对"项群理论"提出过质疑，认为其对于运动训练的作用有待检验。

运动训练是高度个性化的行为，不仅不同的运动项目本身具有差别，而且训练的对象、训练的不同阶段也存在着巨大的差别，这就要求训练的指导思想是"具体问题具体分析"，而不是简单的类同、类比。

分类理论与方法最初产生于对繁杂众多的生物界的观察，它是进化论得以成立的基础，成为人类认识浩繁生物世界的一种工具。将这一理论与方法引入实践性极强的运动训练领域，就显得粗糙牵强。

任何一个运动项目，从不同学科如生理解剖、生物化学、生物力学、社会人文等视角来看待它，都可以指认出它的多种"性状"，甚至仅从直观感受都可以从不同方面说出它的某一特点。但如果我们仅根据某一特点相似就将不同项目归为一类，显然是不当的，更无法用于运动训练实践。

举一个简单的例子，我在一次报告会上听到这样一个实例：因田径800米跑与拳击运动在有氧代谢方面表现相同，因此可以将二者归为同一项群，相互借鉴训练手段。听众很困惑，前者应该是倾向下肢速度耐力训练，而后者应注重下肢力量耐力训练，如何可以混为一谈？

再举一个例子，用"隔网"与否分类，可以将排球与乒乓球归为一类。这不仅在训练学上没有价值，在管理学上也难以实施。于是加一个性状——"持拍"与否。那么，乒乓球与网球就可以采用同样的训练方法吗？显然很难。于是就再加一个性状——"桌上"与否。这样我们就发现隔网、持拍、桌上的运动就只有乒乓球了。奥运会设置了300多枚金牌，也就是说，具有运动训练学研究价值的运动项目可能不会超过400个，当采用三层、四层分类后，某运动项目就进入了唯一性，就不再具备"群"的价值了。

项群理论是马特维耶夫的一般训练理论与现代欧美训练计划式单项理论的融合，符合中国传统文化的中庸思想。因此，它出现在中国并得到发展不是偶然。

运动训练学是一门很"倒霉"的学科，因为它必须经受运动训练实践的残酷、直接、"立等可取"的检验。竞赛结果可能会因某一种过时的、过气的训练理论而无地自容。

项群理论的路今后如何往下走，还有待进一步考察。

## 运动训练杂议

运动训练讲究科学，主张运用科学研究的成果，遵循科学研究发现的规律。但运动训练的主体是人，人是多样的、多元的、复杂的，既有社会性又有情感，任何一项他人的成功经验都难以复制照搬，如果这种复制照搬、成批"生产"能得以成功，运动竞赛就失去了它的文化价值，竞技体育必将随之枯萎。因此，"具体问题具体分析"的训练经验就变得十分重要，也就成了科学训练不可或缺的组成部分。

将其他领域的科学技术引进运动训练是必要的，但必须十分慎重。可以将运动训练类比为一种实验，但这种实验不同于自然科学、工程技术，因为这种实验的对象是人，人的容错忍耐度是很低的，很多时候实验结果是不可逆的，加之检验这种实验结果的运动竞赛的时间性又很强，一旦有闪失便无可挽回，运动员会付出很大的代价。因此，谨慎微调是大多有经验的教练人员的选择。

由于历史的原因，有人常常把大运动量作为刻苦的标志，给超负荷的极限训练赋予特殊含义，所以，中国许多运动训练的失败是因为伤病，或带伤比赛，或因伤退役。

"从娃娃抓起"是运动训练的肯綮。想走捷径，拦腰抓起，永远摆脱不了被动的窘境。中国确有许多运动项目没有青少年准备阶段的训练形态，而是从一些基础项目，如田径、体操中选拔，但这不同于自作聪明的"拼凑""跨界"。等到大家目瞪口呆的时候，已不知有多少真金白银付诸东流了。

## 运动训练与军事训练

　　运动训练要高度讲究科学，军事训练虽然也讲究科学，但常常"不科学"，甚至"反科学"。运动训练面对的是运动竞赛，是文明竞争，要遵循既定规则；军事训练面对的是战争，是野蛮竞争。运动训练以人体正常的生理心理活动规律为基础；军事训练以士兵的生存底线为基础，强调平时多流汗、战时少流血。运动有审美前提，它要面对观众；军事以实效为根本，它要消灭敌人。运动讲究营养学，军事注重生存性。运动讲求正常作息，军事常用夜袭、长途奔袭以攻敌人之不备。运动竞赛也讲计谋，只不过略施小计而已；军事则需要精心策划。运动竞赛场上是对手，比赛结束是朋友；而战争双方自始至终都是敌人，除非一方无条件投降。军事与体育运动都可用于外交，不过前者是武力征服，后者是"小球转动大球"。

　　运动与军事之间有可以相互借鉴之处，军事术语常用于运动中，如备战、前方、后方、侵略性、铩羽而归、勇冠三军等。甚至有人主张将三十六计用于比赛，但我认为万万不可。

## 谈跨界和跨项

　　固有自然学科之间的融合叫边缘科学，如天体物理学、生物化学；自然科学与人文社会科学的交互叫交叉科学，如历史地理学、科技史学，体育科学也属此类；不同艺术类型之间的交融叫嫁接，如杂技与舞蹈、京剧与歌唱、喜剧与相声；现在时髦的"互联网+""体育+"等都具有这种创新、互利的性质。学科之间、行业之间等的边界越来越模糊，越来越多的成功来自意外的抢道。当今，有些人很难定义他们的职业，有些职业很难确定它们的分类。

　　由于东京奥运会与北京冬奥会对人才的迫切需求，竞技体育界出现了"跨界""跨项""跨季"选材的说法与做法，也因此引起了一些风波。为何呢？缘于一种保守性。教育的保守，将划分得十分清晰的运动项目写进了书本，即写进了中小学的教学大纲、课程标准，写进了体育教育专业的教学计划，于是体育人就具备了强烈的专业专项意识。体育的保守，将运动项目比赛的形式分为奥运与非奥运、重点与非重点，如刀切一般，一切以金牌得失为准，互不搭界。

　　另一个原因是，近年在训练思想上特别强调早期专门化和专项化，期望孩子们早早有了项目归属，有的运动项目甚至从幼儿园就开始了专项训练。这就使得一些项目壁垒十分森严，既难进也难出。加上作坊式、家长式的运动训练管理，更加强了壁垒的厚度与硬度。

　　那么，为何一个"跨"字可行？

　　因为，很多运动项目本身是从母项目派生演化出来的：如蹦床、跳水、雪上技巧等都有来自母体——竞技体操的基因；如曲棍球、冰球、马球、高尔夫球都或多或少受到中国古代捶丸的影响。有些项目的玩法、规则相近，只是改变了活动的空间，从陆地改到了水中、冰上、雪上、空中，也可以相互参照。还有一些基础类项目，如田径、游泳可以为青少年积蓄体能、提高运动技能与培养运动爱好，可塑性很强，这些都为实现跨项提供了可能。

　　那么，非跨界、跨项不可吗？

　　回答是：有些运动项目就得这样做，基于训练成本的经济原因、成人项目的体育原因、自然条件的场地设施原因、身体条件的医学原因。不少项目，尤其是冰雪项目，很难为少年儿童提供专项训练条件，必须在青年初期去其他项目中进行选拔，这已经成为国际通行的惯例。因此，可以认为当今中国的选择符合世界常规做法。如果我们真心诚意地要将冰雪运动持续开展下去，而不是仅仅为了参与一届运动会，这种做法就要成为常态并坚持下去。

那么，跨界、跨项就百利而无害吗？也不尽然。运动员、杂技演员带过来的原有技术动作很可能是新项目的"错误动作"，纠正先入为主的错误动作比学习新动作要难得多，神经系统的交互抑制可能很难克服，比如乒乓球的挥臂动作与网球貌似相近，但实际差别很大，一下子改变很困难。会骑自行车的人学骑三轮车比不会骑自行车的人要难，也是这个道理。此外，体育运动中特定的、难以言状的平衡感、时空感、视野感、肌肉记忆等都不是轻易可以获取的，都需要时间的积累。而且，跨界、跨项毕竟只是运动员选材的一种方法，只适用于运动训练过程的早期阶段，它可以提高成功率，但离真正的成功还很遥远，还要靠日后的艰苦训练。

由于运动员这一"跨"还带来了一系列社会问题，比如他们的文化教育如何接续，如何用超常的激励机制鼓励他们与家长愿意接受这一"跨"；如果他们之中不适应这一"跨"，要退回原籍原单位，如何补偿他们，如何要求原单位乐于接受他们回归等问题，如不做好解决预案，制定好政策，将来必定少不了麻烦。

中国的运动训练理论总是将运动员假设为一个生物人来看待，如此，他们便容易被管理。其实，他们也具有强烈的社会属性，在以人为本的市场经济社会，忽视这一问题会让我们遭遇想象不到的难堪。这是关于跨界、跨项的题外话。

## 运动与杂技

记得大约是在20世纪60年代初，中国乒乓球队在国际比赛上大获全胜，时任国家体委副主任的荣高棠先生来北京体育学院（今为北京体育大学）做报告，当时他说了这样一件事情——他给文化部门做报告后，有一位杂技人士问了他一个问题：为什么在大型比赛中，中国乒乓球运动员每一次发球都不发擦边球？而我们杂技演员经过训练肯定可以做到。

50多年过去了，乒乓球运动员依然没有在赛事上发擦边球，成为世界乒坛的一个"悬疑点"。究其原因，我想还是运动与杂技之间存在着一定的区别。

（1）二者目的不同。运动关乎人类的身体，杂技虽也以身体动作见长，但更关注人的情感情绪，它多用一些超乎人们想象的惊险动作来震撼人们的心灵。

（2）二者的文化要素不同。杂技是按照既定的脚本演出的，经过反复排练的脚本是演出的依据，即使是在台上表现得十分随意的小丑角色，在演第二次时，也一定是重复上一次，不会出现偏差。体育比赛存在着"结果不确定性"的文化特征，任何预设比赛结果的做法都是不允许的。因此，体育比赛存在偶然性，这也是体育比赛与新闻吸引人的地方。

（3）二者的训练方法不同。杂技演员注重童子功，他们起步较早，基本功扎实。而运动员要求在基础训练、一般身体训练基础上开始专业、专项训练。杂技是注重绝活儿的专门训练，可以通过长时间训练实现一项路子很窄的绝活儿。

（4）二者的表演场合不同。杂技基本上是舞台艺术（过去曾在广场流行），需要一定的灯光、道具、器材、服装，而且不同节目、不同层次差别很大。体育运动则在运动场、体育馆按规则进行，对场地、器材要求严格且标准。

（5）二者的参与程度不同。杂技是小众的表演艺术，常有"动作危险，不得模仿"的提示。体育运动则鼓励大众参与，常有马拉松人口、冰雪运动人口、体操人口等的统计。

进入现代社会，东方杂技与作为高水平竞技的西方运动项目之间的界限正在趋于模糊，我们经常看到，退役的体操运动员被杂技团请走，杂技的某些训练思想被运动训练借鉴。二者之间正在相互促进,走向共同繁荣。但无论怎样交融,都无捷径可走,离开了自身发展的规律而谈互相借鉴,想的是事半功倍,得到的结果却是事倍功半。

## 谈体育文化

某日读书,当读到"必须把文化提升到人格层面"这句话的时候,身体抖动了一下,被震慑了。这些年来,"文化"一词被用熟了,用滥了,也用俗了。无时不虚饰文化,无处不标榜文化,体育当然难逃此命运。似乎所有说不清、道不明的事情,只要冠之以文化,立马迎刃而解,并披上了一件华丽的外衣。

我是提出"体育文化"这个概念的"始作俑者"之一。近年还在以《凡体育,必文化》为题演讲,朦胧中感到说文化再不说人格,说体育文化而再不联系人性,如同在浓雾中挥舞刀剑,不知力指何方。不管是学校体育还是全民健身,不管是竞技体育还是体育产业,抑或是健康中国,若忽视了人的存在、人的价值,其文化会变得空洞。

女排的拼搏精神让我们体味了人格的高度,"马布里时代"的首钢男篮让我们看到了人格的价值,我们因井喷式马拉松运动中的群体性人格力量而感动,我们也厌恶某些运动项目异化而造成的人格扭曲。

文化之所以宏大且走得久远,正因为它身后站立的是活生生的人,映照出的是人的品格与行为态度。因此,不顾及人,不观照人,不将人摆在崇高位置上的文化,只是一团水气,在阳光下会映出彩虹,但终究会蒸发掉。

体育文化可能换不回金牌,更不可能用GDP计量;高度功利化的东西进不了体育文化的法眼,最终能够进入体育文化记忆的只有人对体育的把握。

## 运动的乐趣

运动是件很困苦的事情，可能会疲劳出汗、气喘吁吁、浑身酸痛、口干舌燥，何谈乐趣？

然而，竟有那么多人乐此不疲，为什么呢？其乐趣因何而生呢？

其一，来自专注。参与者对运动技术技能的学习掌握，对技术细节的钻研是提升兴趣的重要环节。这个过程是从粗野逐步转向细致、精微的，是从随意逐步转向规范、精确的，是从身体活动逐步转向心理活动的。运动项目的技术性越单一，则对这一转变要求越高，如高尔夫球、台球、保龄球，粗看这些项目动作非常简单，然而越练就越觉得深奥，越需要深入体会，于是投入的时间就越来越多。

国内的中小学有一段时间否定运动，更否定学习运动技术，显然是不懂运动技术学习的价值，这种不当的做法最终导致大量青少年远离体育。

其二，来自竞争。体育比赛的结果有两个：一是取胜后好胜心的满足，期望向更高级别对手挑战；二是失败后挫折感的困扰，期待下一轮次翻盘。无论胜败，都决定了选手要加倍投入训练，提高备战水平。竞争使得运动项目更有谈资、更有话题、更有向前推进的内在动力。

其三，来自交流。运动所具有的社会性决定了运动的群体性质，非但集体项目，即使是个人项目也是有交流、存有人际关系的。参与者之间的自我展示，相互调侃，彼此关照督促，都会使运动得以持续，并增添乐趣与热情。一些对小群体的调查表明，有运动优势的孩子往往会成为小群体的"领袖"，容易受到更多人的青睐。这就塑造了一批有独特社会地位的孩子，仅因为他们有运动兴趣与运动才能。

其四，来自健康。健康是运动的副产品，更多地促发成年人、特别是老年人参与体育的动机。而多数青少年不会具备强烈的健康意识，当他们参加运动后会发现自身各方面能力提升得很快，特别是与无运动专长的同学同伴相比时表现出的健康状态，会让他们感到自豪，也许从此会让他们转入更高水平的训练与竞赛。体育运动对人的身体状态能起到积极改善的作用，对人的心理品质也极具价值，我将之归结"四心"：开心、信心、热心与良心。运动使人兴奋，比赛让人愉悦，交往令人快乐，谓之开心；运动提高能力，每每战胜对手、超越自己，谓之信心；志愿服务，勇于奉献，帮助他人，谓之热心；坚守规则，尊重对手，服从裁判，谓之良心。

乐趣，可以成为人们参与运动的出发点，也可以成为运动努力的结果。正确把握运动中的兴趣增长，变体育参与中的被动为主动、强制为自觉、偶尔为经常，是老师、家长与体育工作者应时刻关注的一个切入点。

## 体育的人性源头

某日凌晨醒来,打开手机,读到一篇几年前抨击医疗部门的文章,言辞犀利,直击要害,再次阅读仍感触颇多。

文中有一句话"医疗源自同情心",让我止住阅读,联想体育源自何方。如果医疗发端于人的同情心,是对他人的救赎,那么,体育则是对自身的救赎,是自己的灵魂对自己身体的救赎,人类最初的体育就可以说是源于一种恐惧,对失能、疾病与死亡的恐惧。

将自我救赎的理念与方法教给孩子,便成就了身体教育;将救赎的理念与方法共享,就演绎出了大众体育;医疗与体育在救赎本质上的一致性,就注定了它们迟早要融合成一体。而优渥的生活方式,无止境的欢乐享受,会淡化人们的恐惧,模糊人们的救赎意识,重启人类懒惰的本能,从而放弃体育,甚至鄙视体育,这时需要他人唤醒、警示,以至其重归体育。当社会出现整体性的身体懒惰时,国家就要制订计划,开展行动,让人们集体振作起来。体育之所以产生,也源于人性。动物的各种肢体活动出于本能,而人类的这部分肢体活动出于人性,人性中对疾病、伤害与缺陷的抗拒,对生命的渴望,对死亡的恐惧,诱发了只有人类从事体育运动。"生命在于运动"这一命题之所以永恒,是因为它直截了当地说明了人性与体育的相互依存关系。

我们说生产劳动、军事训练、舞蹈娱乐、宗教祭祀都与体育起源有关,只是因为它们为体育提供、转化出了类似的肢体活动方法。

体育的异化使它沦为工具,服务于这个,服务于那个,任人驱使,甚至远离了本原,忘记了归宿。这是值得我们思考的。

竞技是体育的一个变种,是强者不满足于救赎而进行的展示,以至开展相互竞争,最终发展成一种特殊的文化。

以上观点,供批判。

## 体育的痕迹

过往的职业、经历与爱好，往往会给以后的日常生活留下某些难以磨灭的痕迹，甚至会形成自己的某种个性。运动经历，是人类的一种特殊的体验。当过运动员的人在退役后，或爱好体育的青少年在成年后，仍然可以从他们身上看出某些不同于他人的特质。我称之为体育痕迹，表现如下：

（1）直截了当，少言语。我曾住在北京的一个由多所高校教工共同居住的小区。每天与各类大学老师打交道的物业经理对我说："你们体育学院的老师真好，来谈事进门就说，办完事就走，从不拖泥带水，而有的名牌大学老师进门说了半个钟头，不知道他要干什么。"我笑了，答道："是的，我们体育人站在起点就看到了终点，做完预备动作，就直奔胜利。"有人因此讥讽体育人简单。其实这种"简单"有什么不好？难道只有绕着圈子说话办事才算有文化？

（2）习得生活技能快。运动经历留给人们的不仅是掌握了一些运动技术，而更宝贵的是得到了运动技能，就是掌握技术的能力，这种能力会迁移到生活中。运动员学习驾驶技术、装修技术、烹调技术等往往比一般人更快，因为他们不仅控制肌肉运动的能力强，而且可以很自然地按照运动的规律编制出生活的程序，做到动作节省化、连贯化。

（3）动作敏捷，节奏快。运动员自幼生活在集体中，每天从早操、训练到文化学习都非常紧张，因此时间观念较强。运动员起床、用餐、出门、洗浴、如厕等都比常人要迅速，这种习惯延续到以后的生活中，是非常有益的。

（4）竞争心态，多进取。体育比赛是少年儿童接受的第一堂社会竞争课。如果一个人在青少年时代就多次经历过成功与失败，这将是他一生宝贵的财富。在日后的生活中，他常常会表现出更加坚韧的性格和更加乐观的态度。

（5）团结，朋友多。运动竞赛常在极限状态下进行，近乎折磨。教练员常常是不允许家长观摩训练的。在这种状态下，运动员之间的相互鼓励成为他们重要的精神支撑，这一情感在人生过程中会产生很大的作用，形成他们特定的"圈子"。

以上讲的都是良性的体育痕迹，当然也有不好的方面，以后慢慢再讲。

## 体育与活力

### 一

我中学毕业时,想考理工科,尤其喜欢数学,爱逻辑推理。然而,由于种种原因,被保送进体育学院。我当时很怨恨,颇感"大材小用"。久而久之,习惯了,反倒觉得学体育给了我很多读书的时间,更可贵的是,给了我选择读各种书籍的自由。多读了些书后,豁然开朗,发现一个聊以自慰的道理——体育原来是与外界沟通、与外学科对话、与社会和世界打交道的一块敲门砖。想通这个道理后,我便安之若素了。

体育与数理化文史哲都有交集,体育科学与生物科学、生命科学密不可分,体育实践也与哲学、人文学科、心理学科联系紧密。体育人几乎可与任何领域的专家对话,既可以从体育的角度向他们发问,也可以将体育的触角伸向他们的研究领地。

我经常说,在体育这个行当,广袤博学胜于单一专深,杂家比专家更游刃有余。体育科学不是一门纯粹的高深的科学,体育科学里没有哥德巴赫猜想,也不必去探讨宇宙之谜。它要求体育人善于借鉴整合,长于触类旁通。偏重生物科学的体育人若不了解一点人文科学的知识,便难于应对复杂的体育现象;竞技运动的教练若不掌握社会常识,总有一天会被迫止步,所有的体育人如果远离文学,就会把体育搞得形象干瘪、不通人性。体育科学更不能只注重数理统计。

体育不仅需要专业化的论文,还要关心大众话题。体育作为社会广泛关注的谈资,需要不断注入新的养分。在一个越来越多人参与体育的社会里,如果我们咬文嚼字、装腔作势地说一些大众听不懂也不愿听的、荒腔走板的话,实在是一件很不近人情的事情。

### 二

体育是一种奇异的文化品类,它出现在地球上,就是为了给万物带来活力。这种活力可以从生命体上迸发出来,也可以在非生命体身上展现出来。

它给生命体以生理负荷与心理负荷,也给了生命体以各种技能,这种技能不仅包括走、跑、跳、投等基本活动能力,也包括大幅度的、高速的、高难度的各种动作。这些行为可以将生命体的活力尽情发挥,极力散发,

感动自己，也感染他人。

当体育的灵魂附着在非生命体上的时候，同样可以表现出活力与精彩。如体育建筑、体育雕塑、体育装备器材、体育服装、体育文学影视作品等，都会让人亢奋、振作起来，它们的样式、色彩、形状、文字风格都不同于他类，给人以动力。

当体育在社会中出现的时候，无论在家庭、社区，还是在社团、职场，其活力的表现都是多元的：竞争与协作会同时出现，领导与服从会自觉遵守，独立与默契会自然形成，个人意识与团队精神会紧密结合。有了活力，部分社会机构与社会组织会高效运转，人际关系会和谐团结。

## 何谓体育力量

### 一

南非前总统曼德拉曾说，体育拥有改变世界的力量。这句掷地有声的话鼓舞了全世界有志于投身体育的人，包括有远见的政治家、有思想的教育家、有见地的经济家，以及成千上万有运动天赋或体育爱好的青少年。而我要补充一句的是："体育还蕴含着改变每个人的动力、能量与方法。"谁能意识到体育对自身趋优变化的价值，谁将会受益。

当我们每天半躺在沙发上，眼睛盯着手机屏幕，只有手指做着细微动作时，殊不知我们身体骨骼的骨质在悄悄地流失，肌肉在慢慢地松软，大脑渐渐地变迟钝。而此时体育可作为一种动力，让我们兴奋起来，振作起来，人们可以通过运动找回自己的童真、青春与活力，感受"生命在于运动"的真谛。

体育运动真不是一件惬意舒服的事情，没有听音乐时的放松，没有读小说时的轻松，更没有看韩剧时的忘乎所以。参与体育运动可能会全身酸痛，汗流浃背，气喘吁吁，无力坚持。然而，体育具有一种神秘的能量，让我们克服面临的困难，毫不退缩，当一切都过去的时候，得到的是一种享受：享受成长，享受征服，享受胜利与荣誉。

人类总是在千方百计地寻找减少自己消耗体能的劳动方式，人们发明出来的各种工具都在让人更加"懒惰"，长此以往，身体机能就会退化，可能困扰人们的疾病就会增加一种。于是体育运动就变得越来越重要，它是人类克服退化、战胜疾病的重要方法之一。当人类社会高度发展时，体育甚至可以成为一种提高生活质量的不可缺少的方法。

### 二

人类改变世界靠两样东西，头脑与身体。知识就是力量，说的是前者的作为，人们靠头脑生发出来的知识、思维、智慧、科学、艺术等力量创造了亿万年来地球上千千万万个其他物种不可能造就的文化世界。然而，后者的重要性也不能疏忽。因此，保证身体强健与活力的体育更不能被怠慢。

首先，头脑与身体是不能分离的整体。人类头脑的活动，包括设计图案、构思语言等最终都要靠人的肢体动作来落实实现。不管科学技术先进到什么程度，不管未来机器人能取代多少人工劳动，最后一根螺栓总要靠人来拧紧；再先进的交通工具总不可能直接开进客厅、卧室；机器人再能干总要靠人工来拆装和维修；电脑再智能，最终总要用人的手指来操作。任何时代的进步总少不了人用身体做出的种种努力。

其次，身体活动与体育运动的实践是人类得以生存的保证。以进化论的观点以及从人类与病疫作斗争的历史来看，身体的免疫力是人类最终能够幸存下来的关键。最近阅读了几本关于疾病历史的书籍，几位作者几乎无一例外地强调了体育对预防病病的不可替代的作用。

最后，体育所创造出的身体文化极大地丰富了人类文化宝库。科技的进步使身体的活动相应减少，然而，体育却越来越走向繁荣，创造出了色彩斑斓的体育文化。体育文化的竞技性探究出了人类运动的身心极限；体育文化的普及性使之成为参与程度最高的大众文化之一；体育文化的流行性吸引了青少年群体，使之成为青少年教育最生动的组成部分；体育文化的休闲性，使之成为人们支配余暇时间，进行余暇消费的重要选择；体育文化的国际性，不仅使之成为世界文化交流的内容，也成为世界大家庭友谊、团结的象征。

体育，作为一种自然力量、社会力量与文化力量的整合体，确实应该得到人们的信任与推崇，而信任的表现是亲自参与，推崇的表现则是自己已经成为体育力量的获益者与见证者。

# 二、竞技文化

## 竞技文化的由来

人类具有与生俱来的好奇心与好胜心。好奇心源于未知,对未知的求索形成宗教与科学,对未知的预测衍生出占卜与赌博。好胜心源于竞争,与同类的野蛮竞争是靠武装征服,与同类的文明竞争一部分由体育竞技完成。

体育竞技是人类进入文明时代的产物,是竞争合法化的必然,是合理竞争受到保护的结果。

契约是保护竞争存在的准则。体育竞技中的绝大部分契约都是通过对"竞赛结果的预先不可确定性"的确认来保护竞争的纯洁。这是一个形成体育竞技文化的逻辑过程,也是让体育竞技从丛林最终可以走向全球的文化驱动力。

竞赛结果的预先不可确定性,确实是竞技体育的文化灵魂,舍此,竞技运动就没有了存在的意义。竞技运动与许多其他文化品类的差别就在于它不是按预设的乐谱、脚本、蓝图、设计等文本进行的,它的不确定性决定了它所具有的瞬时效果、新闻独特性与偶然性放大等社会文化效应,竞技体育也因此有了利于国际体育文化交流的价值。

竞技当中的契约是建立在规则、规程、裁判法、仲裁法等基础上的。契约的价值就在于保证不作弊或作弊后甘受惩罚,而一切作弊(使用违禁药物、年龄作假、假球黑哨、践踏规则等)行为的背后都是在预设比赛确定的结果,破坏"不确定性",无视公平竞争的机制。

因为不确定性的存在,所以比赛要求主办方行事公平、运动员待遇对等、裁判员裁决公正。因此,竞技体育可以成为市场经济社会部分交易的行为典范,这或许是近代以来竞技体育繁荣的文化原因。破坏不确定性会使面向公众的比赛失去文化意义。

同时,破坏不确定性使社会大众心理受到极大伤害,人们会因此对竞技体育产生怀疑,这种不信任感会被无限放大,影响社会稳定。

竞技比赛的现场观众更是心理受害者,他们投入了时间、金钱与情感,而在一场"骗局中"或无端高兴或莫名忧伤,这种被伤害的感觉是群体性的,甚至会酿成社会事故,球迷骚乱常因此而起。因此,一些国家对践踏不确定性的行为是要重罚的。

## 小议竞技运动的文化品质

竞技运动背后总是在表达着对某种社会文化意义的追求，任何一项体育活动之所以能够持久地在人类社会中存在，总有它一定的文化符号价值，这些价值是逐渐形成特定参与人群的基础。

比如赛艇运动，表现的是竞争、协作与领导三个基本涵义，于是，这个运动项目就被培养社会精英、高级管理者的教育单位所认可。高尔夫球运动要表现的是目标、效率与儒雅，于是，高尔夫球场就成了社会与企业高级领导者展示其才能的特殊社交场合。射箭表现的则是达远、精准与力道，于是，射箭就被追求上进的人群所喜爱。马拉松的背后体现的是忍耐、征服与期待，于是，参加马拉松就成为热血青年的标志。

桥牌和围棋的文化符号意义是谋略，前者有搭桥合作的谋略意味，后者则是孤独者的精算，社会的上层人士热衷于这类棋牌活动，是因为他们时时刻刻都在做决策，所以需要这方面的训练。而麻将的文化品质是"应变"，对于沉闷少变的中国传统文化，它满足了人们力求多变的心理，在一些国家则把麻将作为培养管理者应变能力的教具。

至于田径体现的毅力与坚韧、网球体现的创新与激情、橄榄球体现的狂野与冲击、足球体现的团队与力量，篮球对最大实效对抗的追求、击剑对骑士精神的张扬等，这些均对培养人的自信、协作、忠诚度和领导力起到重要作用，运动员也正是在这些项目的活动中得到了潜移默化的文化教育。

谈了各竞技运动项目背后的文化品质，于是就产生了一个问题：同是身体活动，为何竞技运动可以形成文化，而其他活动则不能？例如，公园里的游船无论划得怎样快，也得不出赛艇的文化逻辑；街上的行人走得再快，也不会有竞走者的文化心理……

竞技运动与其他身体活动的本质区别在于它要追求极限，将人的能力推向极致。然而，它又是在极其严格的规则管控下，在既定的历史文化逻辑延伸过程中，小心翼翼地进行。这时能产生竞技文化的空间很小，挣脱出来的便是精华，便是让人眼睛一亮的一种特定文化。

竞技文化的产生，需要关注两件事物：运动项目与参与其间的人。什么样的竞技文化就可以造就什么类型品格的人；而生活在什么类型地域文化的人，可以塑造什么样的竞技文化；什么样的生产方式、生活方式、价值观也会有相应的竞技文化与之匹配。号称"世界第一运动"的足球在号称世界第一运动强国的美国难以落脚，而美式橄榄球在美国非常受欢迎，在全球其他地方却难以生根。

当我们将竞技运动的某一些价值转向竞技文化方向时，竞技运动就变得高雅，就会与人的成长和发展有关，就会提高竞技的品位，吸引更多的家庭与孩子进入竞技运动之中。当我们只关心金牌总数时，运动项目就失去了它的文化个性，变成相同形状金牌的数量累计。

在这个星球上，人类是唯一可以创造文化的动物。同时，人类也是竞技文化的主人，被竞技文化塑造与提升。不关注人的竞技，无异于大工业生产的流水线；而不关注竞技文化对人的教养所存在的特殊价值，就等于捡了芝麻丢了西瓜。在竞技运动中，人的主体精神必须得到充分的尊重，只有做到这一点，竞技文化的产生才具备了基本条件。

## 竞技文化与良善文化

竞技，是人类追求较劲对抗、顽强竞争，主张非我莫属、不当第二、直言全力以赴、拼搏精神的场合；是没有硝烟的战场，是生存竞争、优胜汰劣的翻版。

奇怪的是，竞技文化却是人类的一种不可替代的良善文化。大部分国际运动会都把团结、友谊的口号喊得最响，而且用最紧密的居住单位"村"把参与者聚集在一起，总要选择一个最温良、最憨厚的动物作为吉祥物，用最柔软、最适于人拥抱的材质制作。

中国曾有两个最著名的体育口号：一是"友谊第一"，一是"同一世界"。这些口号与中国传统文化中的"和合文化""仁爱文化""点到为止"等同出一源。中国将其植入竞技运动完全是顺理成章。

竞技在发端时未必良善，很多地方的历史记录证明，原始竞技的失败者要受极刑。还有一种角斗，是奴隶与猛兽、奴隶与奴隶之间的拼杀，最终以了结生命为终结，这种竞技自然不会长久持续下去，必须寻求一种替代品——一种最终能比出输赢但仍能保护人性的良善。经过长时间的文化演进，近现代竞技运动横空出世，它能在瞬间实现情感转化，由交战变交友，由恶斗转谦恭。

当竞技运动进入教育后，人们对它的纯洁性、教育性给予了更多的保护，警惕它可能对青少年造成的负面影响。当竞技运动形成产业后，功利因素夹杂进来，或多或少会对它产生影响，但可以相信的是，人类是有能力把控它使其在正确轨道上行驶的。尽管现代竞技运动中也会潜伏着某些反文化的秽物，如兴奋剂等，但总体而言，它在良善文化中的地位不可动摇。当竞技文化与良善文化同行时，竞技运动一定会遵循繁荣发展的规律，谁扭曲、拆散这种关系，必定为人不齿。

## 竞技之谜

"想看球吗？"太太问。

"想！"我答。特别想感受一下比赛的现场气氛，虽然远不及看电视来得清晰舒适，但我想体会一下球迷的狂热状态。

"想看哪场？"太太接着问。

"想看两场：第一场，有中国队比赛的。"中国队抽到了上上签，我很想去现场分享胜利者的荣誉与喜悦。

"第二场，最好是决赛。"因为我预测了冠军队伍，所以想借机目睹球员的风采。

结果呢？

上周观战的第一场，我如坐针毡，最后怏怏而回。

后来去看的第二场，谁知下了巨大心理"赌注"的美国队已惨败于法国队，铩羽出局。原以为决赛的一方定是气势如虹的法国队了，结果法国队又输给了阿根廷队。高傲的法国人对这支南美球队竟束手无策，输得一塌糊涂。因此，今晚这场决赛成了澳大利亚队与阿根廷队的对决，胜负对东道主已无关痛痒。本届世界杯如此收官，真让人意外！

竞技运动就是这样一个难解之谜，它的魅力也恰恰在于竞赛结果的不确定性，这一文化特征可以给观众带来惊喜或惊诧，给社会带来朝气与活力，给弱者以希望，让强者永远不可懈怠与停顿。而所有这些获得所依附的社会成本与代价都是最低的。

所以，竞技将生生不息！

## 竞争的文野之别

人类的竞争既承继了生物竞争的规律，又加入了许多社会性因素，就形成了各行各业各式各样的竞争。对竞争粗率的划分有野蛮与文明两大类。前者粗蛮、血腥、听凭优胜劣汰，甚至可能造成社会倒退；后者高雅、友善、遵守既定规则、促进社会发展。前者的极端状态是战争，在人类有案可查的几千年的历史中，大约只有二三百年没有战争，大多数年头里人类都在战火中度过。人类急盼另一种形态的竞争取代战争，于是运动竞技得到发展。这场没有硝烟的战争，虽然不可能平息战乱，但多少可以告诫人们穷兵黩武是可悲的、可耻的。

竞技是一种宽容的竞争。最初的竞技也很残忍，原始玛雅人竞技中的失败者会被处死献祭。后来竞技的发展越来越贴近人性，当竞技进入教育与文化之后，便更宽厚地对待失败者与落伍者，给弱者提供更多的机会分享竞技之乐。

竞技是一种不预设前提的竞争。在竞技中，不讲门第，不序尊卑，不徇私情，不受政治、经济、社会、教育等先决条件的制约，是最大限度力求达到公正公平的领域。

竞技的竞争结果会迅速公开，争议较小。不必专家评估，不用数学统计，无须投票表决。因此，竞技可以成为人类文明竞争的典范之一，成为对青少年进行竞争教育的素材。

## 金牌面面观

面对民众对竞技体育金牌的热情趋于淡漠的现状，有人认为是人们"理性了""成熟了"，不太在意竞技体育的得失成败了。诚然，经过中国足球20余年的屡战屡败，观众对比赛输赢确实看淡了、看轻了，人们承受失败的心理能力已有较大幅度的提升。因此，常年接受儒家思想教育的中华民族在一个不长的历史时期里对充满风险的市场经济开始逐步适应。

20世纪70年代末，竞技体育领域首先喊出"振兴中华"的口号，这绝非偶然，因为刚刚经过"文革"的中国，经济处于崩溃边缘，体育金牌在某种程度上可重振队伍、凝聚民心，做出国家仍大有希望的证明。于是出现"金牌至上"的想法不足怪。

然而，随着国力的增强、人们物质生活水平的逐步提升，人们的注意力会慢慢转移到精神、文化生活中来，人们（首先是年轻人）会重回竞技体育中，表现为自身的参与热情大大提升，由过去的间接观众成为直接参与者。这时，人们对金牌的态度从振奋转为欣赏，由追求金牌数量转为注重金牌的含金量。

当然，也还会出现一些特殊的状况，曾有过民族矛盾、敌对关系的国家之间的竞技比赛，仍难免会有金牌冲突发生，这种情况可能是不可避免的。

## 中国竞技体育新的增长点

大学生年龄段（18~28岁）与竞技体育的黄金年龄段大致同步，世界上多数国家都把大学生竞技作为竞技体育发展的重点，将高校竞技体育置于国家竞技体育体制的主体部分。

由于我国长期执行的是国家专业队体制，以及以行政系列为序的全运会体制和省运会、市县运会体制，为防止大学生竞技对现行体制的干扰（防止运动员向大学流动），高校竞技体育处于国家主流的竞赛与训练体制之外。大学生不能组团进入全运会成为中国体育的鲜明特色，可能成为中国体育的缺憾，也或许是体育改革须解决的问题之一。

近年来，高校竞技体育正在蓬勃发展，但有两个问题需要分辨：一是高校竞技体育不能始终限于教育部门的"自娱自乐"，要走进中国竞技体育的大金字塔，不能成为另立金字塔的塔尖；二是高校必须从培养"运动员大学生"向培养"大学生运动员"转化，高校不能仅成为消化退役运动员，实现他们第二次社会化的进出口。

这些年来，高校竞技体育的面貌与条件都发生了巨大变化。高校大多有一支稳定的教练、教师科研队伍，并可得到大学综合科研力量的支持。大学体育场馆优势很大，有的学校场馆设施水平已高于专业队水平，已具备承担一些项目训练竞赛的条件。

高校竞技体育的发展必将使其与一批中小学联动，形成业余训练的新机制。高校之间各方面的竞争日益激烈，学校的竞技体育水平已成为知名度与竞争力的标志，这种观念被越来越多的人认可。可以预见的是，高校发展竞技体育必将走向自觉与开放。

高校竞技体育是我国竞技体育下一个有力的增长点。如何及时、合理地利用机会解决高校竞技体育的转型问题，值得重视。

高校竞技体育期待体育改革进一步向教育开放，中国竞技体育则期待高校竞技体育担起高水平竞技体育的重任。将这两种期望整合成一股力量，将成为中国竞技体育光明的未来。

## 金牌是竞技体育的灵魂

全运会金牌榜撤销了,这是应该的,它本来就是由传媒搞起来的宣传噱头。将经济实力、人口数量大相径庭的基本单位放在一起竞争,拿西藏、青海与北京、广东作比较,本身就不合理、不科学。

金牌榜的撤销,可以淡化"金牌至上"的片面观念,但金牌并不会就此消失,因为金牌在当今社会至少还存在一些文化价值:①努力、上进的观念与行为应该得到奖赏;②人类观念与行为背后的规则和规则意识应该予以尊重;③人类观念与行为必须遵循科学的说明,不能盲目;④承认民族与个体等的差异,鼓励对天才人物的发掘。这几点对成长中的青少年来说十分重要。

竞技体育的这些文化价值伴随着人类起源与发展而存在,在市场经济时代显得尤为重要,这也就是近现代奥林匹克兴起、竞技体育在当代中国得以繁荣的缘由。中国儒家文化根深蒂固,以金牌的冲击改变部分国民害怕竞争、恐惧失败的社会心理,培养出一代代有担当的社会公民,这也就是"体育强""少年强"与"中国强"之间的内在逻辑。

泼掉金牌榜这盆洗澡水时,千万要留住盆里的婴儿,不要从一个极端走向另一个极端。

## 话平昌冬奥会

"平昌冬奥会上，中国又一次上演了一幕悲喜剧，如同两年前的里约（奥运会）。前四天无牌，前十天无金。武大靖的金牌，让人们眉目舒展了，也明白了一个道理：与其发狠作对，不如自己变强。如果我们在平昌找到差距，认识到存在的问题，'这笔学费就没白交'，如果在北京冬奥会出现大反转，将给国人一个大大的惊喜。"这是当时我在接受央视采访时的一段讲话。

冰雪运动在中国起步较晚，一直没有进入中国大众的视野，这次平昌冬奥会让我们全景式地看到了世界冰雪文化的丰富多彩，这一"白色文化"将大大提升我国现代化、国际化的视野。

冰雪运动受地理条件影响较大，也受到经济水平的制约。这次奖牌榜前10名的国家，6个在欧洲，亚洲、美洲各2个，大多在北半球。雪上项目都在室外进行，优势散落在高寒地带；冰上项目在室内进行，温带国家得以参与。共15大项，102枚金牌，雪上项目占3/4，冰上项目仅占1/4。

我国的冰雪运动是"跛足"的，雪上项目成绩不如冰上项目成绩，花滑不如竞速，长道不如短道，短道又恰与韩国形成竞争，所以优势空间逼仄狭窄。我们必须重新考虑制定一个中国冰雪运动特殊的发展战略。

运动竞技这一文化现象很奇特：一马平川、稳操胜券、独占鳌头、满贯蝉联之类的胜利，往往不及在重压之下突出重围、反败为胜、惊险取胜更吸引眼球，更让人称道，更充满震撼力。数量不及质量，中国短道速滑队与女排同具一种抗压的坚韧品质，这种品质应被当代中国青少年学习。

武大靖为中国短道速滑留下了经典的镜头。让人们不能忘怀的还有几组李琰的镜头：面对不公的无奈，捂脸，转身，消失在人群中的背影……但第三天她判若两人，身着领奖服现身，给对手以压力，给本国运动员以信心。获胜的运动员冲上看台与她相拥，这种师徒情谊也许只有放在中国传统文化中才能得以理解。

平昌冬奥会设定的夺金项目有失落，意外的收获也未出现。中国与世界冰雪运动的差距毫无疑义地展示在国人面前。中国对冰雪运动的态度经历了冰冷处之（不参与，不报道）、谨慎回暖（只谈冰不顾雪）和极端热情（申办冬奥，全面参与）三个阶段。今天，中国已成为世界冰雪队伍中一名斗志昂扬的新兵。

平昌是北京冬奥会的前哨站，中国运动员在体能类竞速项目中表现出团队的能量储备不足，在技能表演类项目表现出的个体的从容自信欠缺，这些问题都必须在北京冬奥会前得到解决。

　　时间转瞬即逝，是否真能培养出有根底的、成群的奥运选手，并不乐观，因为我们面对的困难很多：

　　——不少雪上项目从未开展过，甚至闻所未闻；

　　——我们的对手还会增加，一些从未开展过冰雪项目的非洲、拉美国家会参与进来，俄罗斯将会整体回归；

　　——我们的一些硬件设施短期内不可能建成以供训练使用；

　　——我们聘请的外国教练，并不是顶尖的，这就决定了队伍的基本水准；

　　——平昌冬奥会的一些老将在北京冬奥会时可能已退役，后继无人的问题是中国当今竞技体育面临的通病；

　　——我国建立起一个有家庭支持的、社团完整的、教练有素的、产业强大的冰雪运动体系还需很长时间；

　　——国际冰雪运动发展迅速，几乎每隔四年就迎来一场突变，我们必须迎头赶上。

　　竞技运动是一种扎扎实实的文化，因为它有一面国际竞赛的镜子对照着，靠自说自话，靠"四两拨千金"的侥幸，总有一天会穿帮。

## 冰雪运动与家庭介入

看平昌冬奥会转播时，常听到这样的话：
——她们三姐妹都从事同一雪上/冰上项目；
——他们兄弟姐妹都是平昌冬奥会的滑冰运动员；
——她的母亲是前几届冬奥会的运动员；
——他的父母在他两岁时就带他上冰场了；
——他的父亲是他的启蒙教练；
——这对裁判员是双胞胎姐妹；
……

看来冰雪运动与家庭背景有很密切的关系，我们提出亿万人上冰雪时，不能不注意冰雪运动的这一特点。我们重视冬季奥运会，培养冬奥会选手时，更不能忽视家庭的作用。

冰雪运动是一项高消费的运动，在青少年走向成熟，成为专业、职业运动员前，父母是主要的投资者，因此，中产以上家庭可能是冰雪运动的主体。

冰雪运动是一项高危的运动，儿童参与时，须由父母做保护。

冰雪运动是一项必须从娃娃抓起的运动，人的冰感、雪感与水感一样绝不是到成年后才能培养的，更不是靠"跨界"选拔可以解决的。因此可以说，家庭是冰雪运动员的摇篮。

冰雪运动还是家庭休闲度假的绝佳选择之一。全家出动，带着滑雪器具，开车到风光秀美的雪山去练习滑雪，精神得到放松，其乐融融。

社会与产业部门都要注意冰雪运动的这一具有全球性发展趋势的运动项目，为家庭进入冰雪运动提供各种条件，鼓励家庭承担起培养冰雪人才的责任。

## 论运动荣誉

运动荣誉是一种激励、督促人们参与体育运动的动力。对于精英运动员，有奖牌与国家相应的表彰作为运动荣誉。于大众体育参与者而言，运动荣誉更多是在潜移默化地起到鼓励与推动的作用。

人们参加马拉松比赛，总有人会对其动机发问：健身，似乎不必跑这么长的距离；休闲，又似乎不必承受这么大的身体与心理压力；夺冠，而绝大多数人都与冠军和纪录无缘；发展社交，似乎社会成本太高了。

那么，到底为了什么呢？

当你与马拉松爱好者交谈时，他们大多会如数家珍，将他的马拉松经历很自豪地告知你，甚至将每次参赛的奖牌、纪念章、号码布展示给你看，他们还会告诉你未来的马拉松参赛计划，准备去参加哪些比赛，自己的成绩将达到什么水平。他们那种荣誉感溢于言表，让人感动。获取马拉松参赛荣誉似乎是他们刻苦训练与参赛的主要动力。

参加运动训练，无论是专业的还是业余的，都要付出身体与心理极大的代价，承受常人难以忍受的苦痛。支持运动员始终坚持的就是一种为了获取成功的信念，这种信念背后深藏的就是运动荣誉。

运动荣誉必须在竞赛后立即宣布，这是竞技运动区别于许多其他文化活动的地方，因为竞技运动具有比较高的区分度，不用设置另外的委员会投票表决。正因为运动荣誉获得的即时性与较小争议，使竞技运动可以成为一种特殊的社会象征，成为广大青少年追求的对象。

运动荣誉还可以拔高与重复，一个赛季结束后，可以在更大的范围内，如整个联赛、全国、全世界进行深度评选（如体坛风云人物评选），从不同角度将最高的运动荣誉集中在更优秀的少数人身上，使运动荣誉更加醒目。

将运动荣誉提升到国家、民族的高度，是世界各国普遍的做法，一方面可以增强全社会的向心力与凝聚力；另一方面也可以使竞技运动得到更强有力的国家的支持。

## 谈短道速滑

短道速滑是一项在极小的密闭空间内进行，而规则又极其不严密、裁判极难公正执裁的竞速项目。因此，这个项目极易造成运动事故，也极易产生赛事纠纷。

短道速滑场地的周长是111.12米，弯道半径8米，以女子500米项目为例，最高速度大约要达到11.5米/秒。短道速滑比赛几乎相当于大量汽车、摩托车在一个周长不到200米的跑道上竞速。在平昌冬奥会上看到多次运动员因身体相互接触、碰撞，以至摔倒、撞到边墙，其场面令人心惊。

在比赛中，运动员有几乎一半的距离在做高速圆周运动，为克服离心力，身体必须做到极限的侧倾，而身体失去平衡被甩出的情况还是经常发生。

短道速滑还有如下规则与裁判漏洞难回避：

(1) 运动员出发站位的不公平。每次比赛有4~8名运动员同时上赛道（有时高达9人），站两排，而出发的站位对比赛的结果影响极大，虽有分配站位的规定，但裁判员对比赛现场的安排存在一定的随意性和倾向性，这容易造成比赛的不公平。

(2) 后方运动员超人既可在右侧也可在左侧，无论交通规则还是其他竞速运动项目均无此项规定，这就造成了难以说清的种种问题。

(3) 接力场面的混乱增加了裁判执裁的难度。接力本身没有明显的物体交接，很难判断是否完成。4支队8名运动员交织在一起进行高速运作，很难看清细节。

(4) 高科技手段很难介入裁判工作。尽管现在已有6台高速摄像机监控比赛，但事实上，运动员前后左右都有犯规的可能和嫌疑，靠一台摄像机在一个节点上监控多名运动员作用有限。与排球、网球的鹰眼不同，短道速滑不可能中断比赛，对裁判的判罚作出及时的判断。而且摄像监控设备越多，比赛后回看的时间就越长，空场纠偏难度也就越高，竞赛的成本也会随之增加。同时，多台监控设备还会产生副作用，它反而使个别裁判员为故意误判、反判找到借口。当裁判眼中看到的与电视转播的焦点、与现场观众的观察点总是有差别时，比赛的可信度、裁判的可靠度必定会遭到质疑。

在平昌冬奥会赛场上，我们可能看到了历届最多的起跑犯规。比赛中的违规判罚，运动员个人的或集体的绊摔，甚至有的 8 人比赛最后只剩一两个人通过终点，这些都是极不正常的现象。比赛中还多次出现了让运动员、教练员、记者、观众难以理解的场景，这更是国际竞技运动场上罕见的。说明短道速滑的改革已迫在眉睫，否则将会影响到它在奥运会上的发展。

  运动竞赛的惊险刺激，绝不能以赛场的混乱、争议作为代价，也不能无视运动员的生命安全，当然更不能忽视现场观众与电视观众的感受。

## 谈女排的拼搏精神

"拼搏精神"为什么在女排比赛中表现得最突出？这里有球队主观的原因，也有运动项目文化特点的因素。

当我们考察排球运动的文化特征时，发现它具有一个"解救危机危难"的强烈需求，这是一个人成长发展过程中不得不面对的问题，而这个问题恰恰频繁地出现在排球比赛中。排球队就如同救火队、抢险队、救护车、急诊室一样始终处在高度警惕、随时防范的应急动员状态之中。

当一次解救成功，球回到对方场地后，不到三五秒钟又回到己方。回来的方式不是大力的扣杀，就是刁钻的吊球；不是假动作掩盖下的"意外"来访，就是迅雷不及掩耳的拦截。即使是对方发球，不是飘忽不定，就是落在己方最薄弱的部位。

己方的拼搏又会刺激对方的拼搏，这就大大增加了球的回合数与比赛的紧张度，吸引了观众眼球，更提升了拼搏精神的社会感染力。意志的拼搏是拼搏的核心，反败为胜、转危为安是拼搏的精华，中国女排的拼搏精神就是这样萃取出来的。

这项运动的本质决定了它要产生"拼搏精神"，或者说，谁有了拼搏精神，谁就能在此成功，更或者说，排球运动体现和锤炼了人类的拼搏精神。

拼搏精神必须以高水准的技战术为基础，技战术能力与拼搏精神是相互依存的，高水准的技战术，使拼搏表现得更有内涵，更具美感。

当年有幸观看了一次日本女排在北京体育学院（后改名为北京体育大学）的训练，教练是大松博文，他将训练的主要精力放在防守上，一个队员要连续在地上做上百次救球的翻滚动作，即使到精疲力竭时，球还会落在她头上，这支被称为"东洋魔女"的球队就此成功。当今，排球运动员的身体条件、运动素质、战术意识都有很大的提升，靠进攻获得成功的可能性大大增加，但防守成功仍然是进攻成功的基本前提。

那么，有人会问，看男排比赛为什么看不出拼搏精神，甚至男排的比赛都不如女排好看？这是因为，至今排球规则仍然不能成功解决攻防失衡的问题，男排比赛平均每一只球的回合数明显少于女排比赛，靠防守获胜的概率低于进攻。解决自身危机不如给对方制造危机，这已成为男排比赛的逻辑。

当然，每项运动都有不同程度的危机存在，但可能都不能与女排比赛相比。看篮球比赛时，人们的注意力在篮筐上；看足球比赛时，观众关心的是球最终能否进球门。这些场合是球星云集、英雄辈出的地方，只是少数人"出风头"。观众关心的是进球率、命中率。乒乓球比赛、羽毛球比赛、网球比赛也有很多危机的时刻，但大多是个人行为，而女排比赛则是团队行为，这种充满协作精神的现场救急更是人类社会所关注、所需要的。集体项目走向成功的基本要素有两个：强大的球队和伟大的球星，缺一不可，否则走不远。

## 自行车，谁的最爱

自行车是一种最简便的交通工具，是人类选择的最合理、最绿色、最安全的出行方式之一。在中欧等高福利国家有越来越多的家庭与个人选择自行车代步，越来越多的城市开放了连片的自行车专用车道，证明这是城市交通工具的发展趋势。在我国，共享单车的出现，证明人们逐步减少使用汽车上路也已形成共识。我国曾号称"自行车王国"，现在国内许多城市正在逐步划出自行车专用道，以恢复自行车在城市里的活力。

自行车运动，是一种竞速活动（也有竞慢的比赛）。有在公路上进行的，也有在专用场地、山地上进行的；比赛用的车种类也很多，有赛车、山地车、小轮车、普通车等；比赛有单日的，也有多日的；场地有环湖的、环山的、环城的、环国的；赛制有业余的、专业的与职业的。

自行车运动，也是大众喜闻乐见的健身锻炼方法。由于在进行这项运动时，人的身体重心基本稳定在一个固定的位置上，下肢不必承受体重，骑速可快可慢，因此适合不同性别、年龄的人，是一项很好控制运动负荷的有氧运动。此外，它对人的平衡能力训练、下肢力量训练、视野训练，竞争意识与克服艰难等品质的培养都有重要的价值。

我阅读了有关"丝路信使"国际自行车挑战赛的相关活动报道，反复欣赏了队员们拍下的照片，我被吸引、被感染、被感动，目光被引向远方。那里有碧绿的草原，清澄的湖水，金黄的落日，还有一群不知疲倦、向往着明天的年轻朋友。

这些日子我一直在思索，"丝路信使"的活动究竟是一种什么性质的文化活动？说它是体育运动，因为始终存在着竞技，有高下竞争，有桂冠得失；说它是旅行，也说得过去，毕竟队员们游览了一路风光；说它是信息传播，也正确，有千万双眼睛关注"信使们"的一举手、一投足；说它是……总之，这项活动颠覆了人们对许多事物的传统认识，原来体育可以有这样的扩展功能，原来旅游可以有这样丰富的内涵，原来信息传播在网络社会可以变得这样迅捷、这样贴近人们的生活。

文化，本来是立体的，是一个综合体，后来因为利益，管理的方便，被人们切割得支离破碎了。体育者只讲体育，商家只做买卖等。于是，文化变得单一、枯燥无味，离人的精神世界越来越遥远了。

"丝路信使"国际自行车挑战赛活动是一种文化改革的尝试，一种文化

融合的尝试，而丝路信使车队 6000 多千米的骑行，将是重唤自行车生活与自行车运动的一面旗帜，相信会有越来越多的人加入这个行列，爱上自行车这项运动。

## 为"自行车王国"正名

在国际上,自行车运动号称是"世界第二运动",仅次于足球。我曾跟随"丝路信使"国际自行车挑战赛车队穿越新疆,也曾发出预言:马拉松热之后是自行车热。

为什么?

首先,自行车重返历史舞台是社会进步的必然。私家车给自然环境、社会空间、道路交通、城市景观以及驾驶者身心带来的负面影响越来越多地显现出来。一些国家已经意识到不能再任其发展下去了。在欧洲一些城市,自行车已在交通工具中占据主要地位。在我国一度狂热的共享单车虽因管理不善等原因发展得不太顺利,却证明了一个道理:自行车是受大家欢迎的。只要道路条件充分,在中小城市,人们是愿意以低成本、绿色环保的骑行取代机动驾驶的。这一时代,在中国迟早会到来,这就为自行车运动的发展提供了优越的前提条件。

其次,自行车的双重性决定了它拥有庞大的受众。自行车既可作为代步工具,也可作为运动装备,它既可作为大众体育健身活动的用具,也可作为专业体育与职业体育的运动器材。从儿童自行车到职业选手的专用车,其价格可差千万倍。也就是说,每个人都可以选择到适合自己的自行车。

再次,进入自行车运动的门槛不高。多数城市居民在儿时就学会了骑自行车,不需要专门的训练。骑自行车也不需要专用的场地条件,出门上路即可。骑行时可快可慢,易于调节。它是一项周期性有氧运动,可起到锻炼效果。

最后,自行车运动易于得到体育产业的支持。人们将自行车从代步工具提升到运动工具时,大多会经历不断更新装备的过程。这是一笔不少的消费,一个经常参加比赛的非专业运动员大约要投入5万~10万元。可以说,如果大众体育类的自行车运动发展起来,对体育产业的推动价值将是难以估量的。

在哈萨克斯坦阿拉木图一家王牌自行车俱乐部的专业商店里,我看到这样的景象:我们的一群业余选手好奇地看着他们心仪的服装、装备、器材,精心地挑选并比较,计算哈币与人民币的兑换值。那一刻,我意识到,为了能提高运动成绩,他们对新装备是舍得投入的。

自行车运动摆在我们眼前的发展空间实在太大了。毕竟当年我们曾号称"自行车王国"!

# 三、体育改革

## 职业体育改革迈出可喜一步

解放篮球、攻克足球,爆炸性新闻传来,令人鼓舞。期待一种充满活力的、能承担重任的、适应体育运动和市场经济双重发展的新体制尽快诞生。

姚明面对中国篮球协会换届改组重新定位将担起重任,他也是中国国家篮球队的主心骨、中国篮球职业化的旗手、中国篮球体制改革的"弄潮儿"。姚明不仅对中国篮球运动有深刻的理解,而且有丰富的国际和外交经验。我与姚明有几次面对面的接触,他头脑机智、语言幽默,办事公平,有决断力和执行力,善于听取不同意见。

足球管理中心终于宣布注销,"无可奈何花落去",它已成为一段历史,功过得失自有后人评说。中国职业体育改革大势浩浩荡荡,或许是顺之者昌,逆之者亡。中国竞技体育,无论是职业的,还是业余的,在冲破落后体制枷锁后,必有一片比当今广阔得多的天地,审时度势,该放下的放下吧,拿出体育人的胸怀和气概。

我在今年体坛风云人物评委投票后又一次见到姚明,送了他一本我的《微言小议》,一起合了影。说到篮球协会改革的事,他说自从要他担此重任的消息传出后,人们就不再像过去那样对他说一些不同的意见,他感到有些不安。听到他这番话,我觉得姚明成熟了,一个乐于听不同意见的人,也会做到待人处事公平公正,因此,我对他出任中国篮球协会主席更有信心了,也证明了伯乐的眼光不一般。

伍绍祖先生在任时制定的《中华人民共和国体育法》总则第三条中有这样几句话:"国家推进体育管理体制改革。国家鼓励企业事业组织、社会团体和公民兴办和支持体育事业。"但是,长期以来改革迟滞,体育社会化进程缓慢,鼓励、兴办与支持被管办不分、政社不分、政企不分制约着。

因此可以说,姚明的出任,是标志性的事件——等待了30多年的"改革突破口"终于捅破了最后一层窗户纸;也可以说是沉重的体育改革终于迈开了关键的一步。

事实证明,体育改革只能做顶层设计,自上而下启动,自下而上推动,外部力量的介入才能克服内部的惰性与惯性,变阻力为动力。有了好的开始并不意味着一定会成功,关键要把各方面的积极性调动起来。不要动摇,不要急懈，不要折腾，要给新篮球协会和"姚明们"一点宽容和鼓励。改革的目标明确了，就要同心协力，扎扎实实做事情。将先行的篮球改革真正做成一面旗帜，给体育的全面改革树立信心和样本。

## 体育改革的高门槛

昨天参加一个访谈节目,讨论体育改革与中国高尔夫球的前景。我发表的观点是,处在大发展中的中国体育要跨越一道很高的门槛,这道门槛就是体育改革,体育改革是求得大发展的前提,不改革不能解放生产力、释放体育资源。门槛高筑是因为我们一次次坐失了改革的时机,积累下来了越来越严重且复杂的问题。今天,我们面对民众日益增长的体育需求以及紧迫的国际压力,体育改革更需得到足够的重视。

中国体育有一个奇特的逻辑:一旦某一赛事出现问题,在质疑声中立即改革。体育改革不是要削弱竞技体育,不是要将它与全民健身对立起来,非此即彼。整体而言,我们对竞技体育的投入并不算多,只是因为我们不能将全社会调动起来,只能靠政府一家投入,因此只能做顶层修补,道路越走越窄。

体育改革站在中国经济社会转型与国际体育发展的交叉点上,既不能落后于各行各业的改革,也要与国际体育保持同步,因此不能闭门造车。

高尔夫球进入奥运会后,它的生存问题已不必再讨论,它将与任何一种体育类型一样,一定会走完从小众的奢侈品向大众普及品过渡的全过程,只是时间的问题。

## "基础"牢靠才能"表现"出色

　　一个国家、地区的竞技体育实力由两部分组成，即实力基础与实力表现。实力基础是内涵，包括运动训练理论的先进程度，后备力量培养的制度与机制的完整性，教练员的素养与执教水平及其训练方法的科学性，运动训练竞赛的物质条件，以及竞技体育在全社会文化中的地位等。实力表现是外在表象，主要指在大赛中相对稳定的运动成绩，包括成绩水平与运动人才出现的频度与流动的速度等。实力基础是实力表现的决定因素，但有时实力表现与实力基础不完全吻合，出现超越或滞后的偶然性。观察我国的几个优势运动项目，其实力基础与实力表现都契合得很好，如乒乓球、跳水。而一些飘忽不定的项目大多靠"蒙"，靠"天才"，即使一人一事一时上去了，终归还是要退回原点。

　　就整体而言，我国竞技体育的实力基础与实力表现脱节的问题已十分严重，特别是后备力量从早衰到后继乏人的问题早在30多年前就初露端倪，未能得到及时解决，直到伦敦奥运会、里约奥运会才逐步显现出来。训练思想固化，无所进展，不能与竞技体育发展现实匹配，更不能与世界先进理论对接碰撞。因为缺乏长期的战略准备，不能形成梯队递进的机制，于是每届大赛来临时，临时抱佛脚，不断重复揠苗助长、竭泽而渔、顶层修补的短期行为，永远处在被动和手忙脚乱的穷于应对的处境之中。

　　因此，必须两手抓。一方面，要在实力表现上做最后的努力，增加偶然性的机会，尽量减少失误和意外造成的损失；另一方面，要从长计议，要尽快走出上述怪圈，从运动训练与竞赛的体制与机制上着手改革，必须解决义务教育阶段的业余训练回归教育的问题，让后备力量的基础雄厚起来，专业队、职业队的训练实践必须赶上世界先进国家的水平，而训练理论必须实现重大突破，走出学院派的象牙塔。

## "跑吧"采访实录

我在芜湖参加国际体育史研讨会时,在报到的当晚去拜访了一家民间俱乐部——芜湖跑吧。接待我的两人,一个是"跑吧"的灵魂人物,职业是公务员;另一人是俱乐部的理事长,是一位热心公益事业的大学女教师。

2014年,我与这家俱乐部有过接触,那时他们刚刚完成注册手续,有200多名会员,经常组队参加马拉松比赛,我感到他们的活动方式很符合体育改革的大方向,就对他们做了长时间的访谈。后来,我在讲学过程中常把他们作为一个案例。这次来芜湖,我想看看他们的后续发展状况,也想了解一下体育社团目前的处境。

现在他们已发展到2000多人,在芜湖几个区都有分组织,并且开始组织自己的活动,有的活动已成为品牌,得到了政府采购的资助,有的成为城市举办大型活动时的项目,得到社会好评。他们有了自己设计的服装、口号,还为每位核心会员发放了精美的具有荣誉和社交作用的大卡片;还有了政府提供的办公室、会议室。

随着队伍的壮大,也不可避免地出现了一些问题:一是资金问题,每年都有不小的亏空;二是所需的专职人员落实不下来等问题。

在交谈中,我们就很多问题达成了共识,或者准确地说是不谋而合。

一是改变观念,全社会要改变对社团的看法,要看到社团将来一定会承担起民众体育参与的组织任务。会员们也要改变观念,不能将社团当作慈善机构,只索取,不愿投入。

二是俱乐部要在文化上下功夫,要注入"文化"的概念,只讲健身走不远。活动项目与形式要多样化。

三是会员要逐步分级,精英级的可代表俱乐部参加重要比赛,普及级的经过努力可提升到中级或精英级,这样可以使内部活跃起来。

四是俱乐部要讲"经营",可以坚持不营利,但必须要搞经营,没有活动经费,俱乐部是难以为继的。要找到长期合作的企业。

五是要与高校合作,让学生来俱乐部实习;要与大企业合作,帮助开展职工体育,并可获得相应的经费。

六是要找到对手和"敌人",可提高向心力、凝聚力。

当前,体育的社会化,在社团发展方面必须解决两个问题:一是政府真正下决心面向社团,把体育资源下放给社团;二是社团要尽快提高各方面的能力，承担起自己的责任，否则就只能自生自灭。只有放得下、担得起，才能真正实现体育社会化的改革，政府的体育部门应该承担起培养、培训社团骨干的任务。

## 缺体育，更缺社团体育

与教育发达国家相比，中国的部分学校不够重视体育，并难以改变现状，这是中国教育上不去的主要原因之一。而且有的学校缺少甚至没有社团体育，则是中国与他国学校体育的本质区别，是天壤之别。

有无社团体育，是自觉参与体育与强制参与体育的差别，是全面体育观与单纯生物体育观的差别，是培养体育素养与维持学业体育的差别。

参加过具有一定水准体育社团活动的学生大多可以成为终身体育者，因为他们走到了体育的深处，不仅掌握了一定的运动技能，培养了运动兴趣与习惯，而且养成了竞争意识、团队精神与体育责任感。

体育社团一般诞生于由多人组成的运动项目。在体育社团活动中，孩子们开始在社团中寻求自己的位置，知道了"社会角色"这个概念的重要性，只有与他人配合协作才能获得整体成功，只有靠努力竞争才能改变自己在团体中的地位，如此便可以从"板凳"到主力，从队员到队长。

社团体育更是体育领袖、体育明星的摇篮，体育课也许可以培养出体育爱好者，但永远培养不出体育明显这类人物。而这类人物在学校里的榜样作用，以及他们步入社会后的成功道路对少年儿童的启迪作用是一种难以取代的教育资源。

中国足球成绩一直得不到提高，从来没有人从社会学中寻求原因。国足永远处于捏不拢的貌合神离状态，难以应对"临门一脚"的关键时刻，何不看看球员们曾经的生活状态？他们在儿时是否经历过完整的社团体育熏陶？他们缺少了什么社会品质？

我曾预言，当今不计成本的校园足球投入最终可能会失败。因为始终没有为校园足球找到适当的组织依托，靠体育课发展校园足球，就只能做足球操。而饥不择食的逐级选拔，更是对学校社团的致命打击。

为什么称为校园足球，而不是学校足球？因为这种足球文化是要靠社团来实现的。现在校园体育社团发展不起来，各种民营的运动专项学校、培训班乘虚而入，有眼光的家长就把孩子送到那里去训练，然而，那里毕竟是一个陌生的、非系统的、以盈利为目的的商业机构。

# 四、大众体育

אדם חי

## 小议体育人口

先做一个简单的数学讨论。扣除高龄、婴儿、患病、残疾及不宜出门的人口数量，除极端贫困地区的、正常体育教育不能达标地区的人口数量外，再扣除气候条件极其恶劣地区的、特殊作业（如在高山、海上）的人口数量，中国人口数量还剩下多少？粗略估计可能就接近8亿。几乎是有生理条件参加体育活动人口的全部。而为8亿人口提供体育服务的人口又需要多少？我国的体育场馆设施、体育经费需要增加多少？体育毕竟是非生产性的活动，我国现在的人均GDP、家庭平均支出水平能支撑这样的消耗吗？

社会文化是多元的，人们参加体育活动只是人们参与社会活动、满足自身需要的形式之一，我们只能动员，而不可能强制所有人都来参加。即使在体育运动高度发达、已形成良好体育传统的欧美国家，体育活动也难以覆盖百分之百的人口。

任何事情都是双面的，不能低估体育文化普及后产生的负面社会影响。体育的娱乐化发展趋势，对当今中国社会将会造成什么样的影响是需要我们有所判断的。比如对地下体育赌博等热衷赌博行为的社会心理是否有推波助澜的作用，都值得我们思量。

事实上，自20世纪90年代以来，我国的成人体育人口一直稳定在总人口的20%左右，加上学生作为当然体育人口（未必全部当然），才超过30%。体育人口的稳定性是我们需要观照的事实。因为体育人口的数量不仅受经济社会发展的制约，也与人们较为稳固的体育观念、体育素养有关。那么，是不是这些年全民健身工作都白干了呢？不是，因为体育人口是一个不断新陈代谢的群体，每年约有两千多万人口进出，30多年来如果我们促成了6亿到7亿人成为体育人口，成就应该说是巨大的。

确实，我国体育人口的发展还有较大的空间，还可以有所作为，而且我国体育人口的标准还是偏低的：每周3次、每次30分钟、中等强度。这对于预防当今社会蔓延的各种非传染性流行病来说显然是不足的。此外，我们在公园广场还经常看到不少人的锻炼方法是不科学的、无效的，甚至是野蛮的，因此，全民健身急需提高质量。

盲目下压高指标的做法对体育的发展百害而无一利，不仅全民健身如此，竞技金牌也如此。

　　我们都是坚定的体育人，一生献给了体育，但一定不要过度夸大体育的功能与价值，毕竟在当今中国社会，体育能做的事情是有限的。

## 公园马拉松：城市活力的标志

公园半程马拉松北京公开赛每年在奥林匹克森林公园与朝阳公园两地分别举行，每年举办两次，至今已形成传统与规模，有相对稳定的人群。有个人报名的，也有跑团举着旗帜穿特定服装参加的。比赛的路线、裁判、救护、补给、志愿者、奖励、赞助等都已相当成熟，成为北京市全民健身助推体育产业发展的著名品牌，深受马拉松爱好者的喜爱。近年来，城市里出现了越来越多漂亮的公园，其中一些华丽转身为体育公园。公园里有大面积水域，也有山丘、桥梁，在绿树花卉之中铺设了长短不等的步道，步道上印有各种提示标志，步道的塑胶缓冲了下肢承受的力量，容纳了庞大的健身人群。这里平时是居民的健身场所，比赛日就成了"马拉松人"尽情享受的天堂。

公园马拉松的优势在于它的竞赛环境优美，空气洁净湿润，路面平坦，近处是绿色的林木，远处公园外巨型现代建筑尽收眼帘，使运动员心情格外舒畅。公园还使马拉松比赛的安全性大大提升，它不与城市交通发生冲突，不断路，不扰民，即使出现医疗问题，急救也可及时到位。因此，我认为公园马拉松是这项运动的未来发展方向，将来的5公里、10公里、半马等倾向于健身活动的长跑应尽量在公园里进行。

我以为，根据北京人口总体情况，以及民众对马拉松跑与健身跑的热情日益提升，北京市再增加10座类似朝阳公园这种规模的体育公园也不为过。马拉松的文化符号价值是积极的、向上的，是充满凝聚力的，它可以成为城市活力的标志。这是当今中国社会许多城市马拉松出现井喷式发展的根本原因。我为马拉松今日的发展感到振奋，我虽然垂垂老矣，无力与年轻人一起奔跑向前，但会远铤跟随在他们身后，心里敬慕他们，祝福他们。也特别感谢那些马拉松比赛的辛勤的组织者与志愿者们，你们是城市活力的默默推助者，也是城市健康的缔造者，谢谢你们！

## 为马拉松实现本土化点赞

桃花灼灼,柳色青青,玉兰怒放,大地回春。第38届北京半程马拉松在春意盎然的奥林匹克森林公园鸣枪开赛,我是第二次来到现场。组织者告诉我,过去报名时间要持续三天,后来降到两天、一天,今年仅一个小时就争抢完了全部名额,后来不得不增添了一个专为"跑吧"团队开设的比赛,所以能见到一些团队旗帜上有"警察跑吧""医师跑吧""快乐跑吧""传媒跑吧"等字样。看得出北京健身跑爱好者的组织化程度正在逐年提升。

一年过去了,作为示范工程的北京半程马拉松赛又有了长足的进步。组织工作更加缜密,检录裁判愈加细致,医疗保障更全面,后勤服务准确到位,商业赞助、志愿服务形成常态。这是一项定位于"零门槛"的群众性健身活动,保证安全是第一要义。中国要让马拉松本土化,就必须以全覆盖的专业安全保障作为前提。

马拉松要植根于中国大地必须走专业化的道路。据一位多次参加过境外国际马拉松比赛的选手告诉我,赛会的志愿者会蹲下来为他们系鞋带,当最后一名选手到达终点时,大家会围拢来为他鼓掌欢呼,每一个参赛者都感到非常有尊严。

在体育公园、森林公园、长跑公园举行这种超长距离的长跑比赛是很好的选择,因为路面好、空气好、易管控、不断路、不扰民又安全。今天有好几场比赛同时在这里进行,园内至少有四五千人行动在赛道上,熙熙攘攘,如过节一般,到处充满了休闲娱乐、欢乐健康的气息。

据我观察,这次比赛以"90后"甚至"95后"为主体,中老年人明显减少,这可能与网上报名的方式有关,但也可以看出年轻人已经走到了体育活动的"前台"。他们经历过较为完整的体育教育,有明显的体育素养,现在有迫切的健康与休闲需求。今天,无论他们是参加全马还是半马,都是有志气、有豪情的表现。看到一代代有志青年参加马拉松活动,似乎也让人看到了国家下一代的良好风貌。

另一位组织者告诉我,他们有信心将比赛办得更长久。我进而想到,当年从海外引进的乒乓球可以成为"国球",那么,舶来品马拉松是不是同样可以成为深受国人喜爱的"国跑"?我相信,只要用心去做,一切皆有可能。

## 谈医体融合

医体融合，医体深度融合，这种提法被广泛叫响，证明医体的分离在中国广泛存在着，这种分离既不利于体育宗旨的实现，也不利于医疗卫生的发展，最终不利于国人健康事业的落实。

既然提倡深度融合，我认为需要在以下方面做些工作：

（1）观念的融合。若医疗想到的仍然只是在临床上针对疾病的治疗，体育仍沉浸在为了金牌的竞技中，那么融合就是一句空话，甚至水火不容。

（2）概念的融合。医疗卫生的常用词汇是健康，体育运动更关心的是体质，两者有异同，但应互为补充。

（3）学科的融合。运动处方曾被称为是体育的最高形式，因为它实现了医学与体育科学在学科上的融合。

（4）手段的融合。将药物、手术等医学手段与以身体练习为主的体育手段融合，是被动与主动、消极与积极之间的融合。

（5）检测的融合。健康体格检查与国民体质检测为个体的安静态与运动态提供了不同深度的身体信息，将两者指标体系融合起来才是完整的、高效的。

（6）人员的融合。这里不是指两者职业的融合，而是指医务人员能运用体育的术语应对患者，体育人员也熟悉医学的术语提点体育参与者。能跨界的是运动康复指导师与进行运动医务监督的医护人员。这需要靠体育教育、医学教育的改革来完成。

（7）资源的融合。以大健康、大社会的眼光统筹医疗与体育的资源，包括人员、经费、场所、技术、活动等，让其更高效地服务于社会健康。

（8）部门的融合。这实际是利益问题、权力问题，是制约医体融合的主要障碍。只有变切割为共享，才能真正在全社会实现医体融合。当前，两部门的关系调整是实现医体融合的关键所在，需要靠顶层设计解决，靠制度完善解决。

除了医体融合，还不能忘记体育与环境保护、食品安全与心理健康的结合。

## 大众运动项目的选择

近期读到有关羽毛球运动的文章，文章称在有些地方羽毛球这项运动已成为一项老年体育活动。我觉得下述话题值得研究一下：各个运动项目在中国群众体育、竞技体育中能持续多久？辉煌多久？以什么方式衰落？衰落的后果是什么。

每个运动项目都是有寿命的，都有一条生长发育、稳定发展与衰落退出的曲线。但每条曲线行进的高低快慢不同。

有些成熟的运动项目，如田径、游泳、足球、排球，始终保持在稳定发展阶段，只是靠规则调整使之保持活力。而有些运动项目会从小众扩散到大众，从偏重竞技转向大众健身，如一些极限运动项目。有些项目的发展路线正相反，最终只保留在少数专业人群范围里，如台球。有些新兴项目发展很快，但社会大众热情消退得也很快；有的项目活了下来，甚至成为大型国际运动会的选项。总之，每个运动项目的命运不同，在每个国家的遭遇也各异。

中国是一个运动项目的输入国，改革开放以来进入中国的各种活动项目层出不穷，像走马灯式似的不断更替。究竟哪些项目适合在中国生根发芽？在当前冰雪运动热中，要对众多的项目进行分类，哪些适合长期发展，哪些只适合少数人攻关，需要甄别。

同样，在提倡与推进体育产业的今天，这个问题尤为重要。哪些项目应该引起体育产业部门的重视，并加以引导，让其成为行业，相关部门要心里有数。绝不能再走当年保龄球一举成名又溃败的老路，避免社会投资与场馆建设的巨大浪费。

中国大众消费者对运动健身项目的挑选正处在极易摆动的选择期，非常追求新鲜感，喜新厌旧，追求从众，任何一项活动持续时间都不会很长。这个特点尤应引起学界、商界的重视。

## 万盛提供的参考

初到重庆万盛，感觉到它与其他地区存在着一种巨大的反差：随处可见的锻炼人群。体育造就的社会氛围与人们的活力迸发出巨大的感染力与动员力，形成了一股锐气十足的体育流。这一洪流出现在崇山峻岭之中的开发区，尤其让人感到不可思议。我向当地政府官员询问具体情况，第二天他们提供了这样的数据：2014年至今，全市居民的慢性病发病率逐年降低，全区医保费用减少近20%。我国因慢性病发生的死亡率占总死亡比率的86%，医治慢性病所需的费用每年以7%左右的速度增长。所以，万盛体育的经济价值与社会价值是非常值得我们重视的。

我把万盛这一体育现象的发生，归结于民众体育素养的大幅度提升。个人体育素养的形成绝非易事，需要经历坚实的体育教育和持之以恒的体育参与，而一个地区普遍形成体育素养，更是难上加难的事。这正是许多城市管理者需要细读的地方。

体育素养是不可能孤立存在的，它是城市文明的一部分。一进入万盛就让人感觉到这座城市的文明程度不同一般：街道清洁整齐，公共厕所数量多且非常干净，交通有序通畅，行人过马路自觉看红绿灯，汽车主动礼让行人，问路时当地人会很热情地作答。凡此点滴事情都可以看出市民对体育的热爱绝非偶然。

体育素养不是靠上课、看宣传板报就能获得的。必须在长期的体育实践活动中，在掌握体育知识、运动技能的过程中，将体育逐渐变成自身的一种感觉，一种能力，一种情怀，一种文化修养，一种缺此不可的生理机能，一种舍此就坐立不安的心理品质。体育素养是城市的宝贵财富，它激发出来的城市活力可以成为一种建设性的力量。它对经济目的的促成、对社会发展趋势的引导，具有显性的价值；对青少年创造精神、独立意识的生成，对城市居民向心力、凝聚力的固化，对城市整体文明程度的提升都具有潜在的作用。

## 我与"微信运动"

上了岁数的人遇到新的电子产品，就如同面对一群满地横行的螃蟹，无从下手，甚至还会感到畏惧，所以常常敬而远之，这恐怕是老年人的通病。从事 IT 行业的儿子可能是害怕我落后于这个时代，总要把一些刚刚上市的时兴电子产品送来让我"尝鲜"。2019 年，在我生日时，他送我一部苹果手机，次年给我的生日礼物是一块 Apple Watch。

吃生日蛋糕前，12 岁的孙女祺祺给我详尽地介绍了这款手表的功能和操作方法。她为我讲解了 15 分钟，我仍是一头雾水。第二天，我到银行去办事，一抬手臂，年轻的营业员立刻说道："老先生，您真时尚！"其实，我并不知道这块手表会给我的生活带来什么变化，只是觉得可以随时测脉搏而已。

一周后，儿子又来了。

"给您往手机上装一个软件吧。"他一边打开我的手机一边说。我在做饭，没有理会他，因为他每次来不是给我的电脑升级，就是往手机里装点新玩意，我已习以为常。他离开后，我打开手机一看才发现我手机已经订阅了"微信运动"，而且我的手机和手表已经连在一起了。从此，我的"一举一动"都可以在手表上记录下来，并通过蓝牙在手机里"立此存照"，而且这"一举一动"会让微信群里的人有目共睹。

"完了，难掩隐私，再不能偷懒了。"我这样想。

那么，被这两件电子产品记录、公之于众的是什么呢？是我每天参加体育运动和体力活动的轨迹，从我睁眼开始直到上床睡觉为止。它能提取的数据有这样几项：每天锻炼的时间、走跑的步数、消耗的能量数、白天 12 小时中离座站立的次数。

它把我每时每刻的走或跑的步数及时转到"微信运动"中。于是，谁走的步数多，谁的名次就靠前。每晚一清算，得到冠军的就"占领封面"，出风头。第二天重新开始，不能吃老本。

我根据自己的年龄、身高、体重和健康状况，给自己预设的锻炼指标是每天锻炼 30 分钟以上，健走 7000 步，消耗 500 大卡热量。每天锻炼 30 分钟轻而易举就能完成，但 30 分钟无论如何也走不了 7000 步，更消耗不了 500 大卡，最多 200 大卡。为了达到 500 大卡的目标，我必须走够 1 小时，向 10000 步以上迈进。

于是，我每天大约持续快走 50 分钟，上、下午再带着小狗乐乐各遛 20 多分钟，大约一天有 100 分钟在健身路上。有了 11000～12000 步的运动量，就可达到 500～600 大卡的消耗，就能完成锻炼任务，满足了身体的需求。

人容易犯懒，这可能是天性。锻炼身体搞得浑身酸痛，还大汗淋漓，总不如坐在沙发上喝咖啡看电视舒坦，更不如躺在床上自在。一旦没有同伴招呼，没有群体监督，人们总可以找出千百条理由宽恕自己。夏天太热，冬天太冷，风太急，雨太猛，今天头疼，明天脑热，没睡好，没吃够……总之，懒散的我总比勤快的我更有道理。

现在好了，在"互联网+"时代，人人可以成为"互联网+体育健身"的一分子。如今，我的手腕上出现了一位"诤友"，"他"很严厉，也很温和。当你在电脑屏幕前工作了 1 小时未起身，"他"会"嘟——"地一声催你站起来活动活动。"他"还有不少激励你的办法，每当你有了一点进步，"他"会给你发一个奖章，比如"您在开始健身 10 天刷新了每日最高个人锻炼纪录""您因坚持每日活动并持续了最多天""您因一周内每天达成站立目标""您因一周内每天均达成全部三项目标"等。

有了这些表彰和鼓励，你还好意思中断锻炼吗？

我无意去和年轻朋友争群里的冠军宝座，因为老年人健身的运动量不是越多越好，只要运动负荷达到健身要求、能持之以恒就好。我在健走群里是年龄最长的，我经常保持在第 5、6 名的位置上，就很满足。如果我的坚持能为年轻人起一点好的示范作用，也许那就是意外的收获了。

有一天，家里来了几批客人，一直不得闲。送走最后一位朋友时，我看了一下手表已经晚上十点，而锻炼记录上显示还有 32 大卡的热量没有完成，我换上运动鞋走下楼，走了 10 分钟，心安理得地回来睡觉。太太说："何必呢？"我说："必须的。"

睡觉前，我先把手机和手表充上电，因为第二天"他们"还要与我做伴，我视它们是我的"中纪委"。

## 坚持健走的几点体会

最近，关于健走是否有损膝盖、每天是否要走 10000 步、健走是否不如跑步等问题在网上展开了许多讨论。我想就自己多年坚持健走的情况谈一点想法。我是 2010 年 68 岁时退休回到北京的，在华南师范大学工作时，因为工作繁忙，每天奔波于校本部与大学城之间，又加上频繁出差，很少有身体锻炼的时间。退休后查出"三高"，便决心参加体育锻炼。高尔夫球（练习场）、游泳、跑步、健走、太极拳等运动我都尝试过。个人感觉到高尔夫运动负荷不够，游泳耗时太久，太极拳对膝盖不利，我的年龄已不适合跑步，最终坚持下来的就是健走。下面，我就与大家分享几点关于健走的心得。

我可以肯定健走对身体与心理是十分有利的。我坚持健走获得的身心效果，在每次境内外的旅游中可以明显地体现出来。我每年会计划两三次国外和多次国内旅游。在参团出行时，我总是走路最长、登山最高、负重最多的人之一，胜过许多中老年旅友，甚至胜过一些年轻人。证明我的心肺系统与运动系统的工作能力保持了较好的水平。健走也让我收获了信心与乐观的心态。我不怕健走、喜欢健走的心态投射到日常生活中便体现为保持了相对旺盛的精力和对生活的热情：除了做到生活自理，每天还能阅读 2 万字，写作 1000 字。

健走要做到科学有效。健走是一项有氧运动，对老年人预防各种慢性病是有效的。长期坚持健走，配合药物，平衡营养，对预防与医治心脑血管疾病、糖尿病是很有价值的。但必须做到具有一定的运动负荷且姿态动作正确。一般性的散步、餐后慢走、购物遛弯都不具有健身的效果。健走每天不少于 6000～8000 步，加上非健身健走步数一天可达 10000 步，健走的步频为每分钟 100～120 步，每天至少应该有 15～30 分钟心率达到 120～140 次之间。也就是说，要想让心脏与血管受到一定的刺激，每次走完且要微微出汗，才能达到锻炼效果。

健走的姿态动作也应有所讲究。健走的基本要领是：以胸带动肩轴摆，提髋提膝小腿迈，跟落掌接趾推送，双眼平视臂放松。这四句话的主要意思是，走路时要抬头挺胸，肩部随左右步自然转动，摆臂幅度是 30°；要以髋关节提大腿，以膝关节为轴，以脚后跟发力向前甩踢小腿，最好能达到全腿伸直；然后以脚后跟着地，以脚底外侧过渡到脚趾；用踝关节发力，蹬离地面。能正确完成这一动作的前提是需要有足够的单腿支撑的时间。单腿支撑的时间长，就有足够的时间用足腿部的力量将腿踢直，将步子迈大。单腿支撑时间不足，便在地上蹭着走，膝关节始终不能充分打开。单腿支撑又恰恰是对老年人腿部力量与平衡能力的一种锻炼。

　　健走的美学特征是轻、灵、巧。健走不仅要遵循科学原理，也要符合美学原则。也就是说，走路要美观，不仅要走出力，也要走出美。男子走路要做到稳定、矫健，女子要轻盈、优雅。轻缓的动作给人美感，轻灵的落地也是防止膝、踝关节受伤的重要条件。我们看到有的人走路时身体颠抖摇摆，有的人摇头晃脑、左顾右盼，有的人双臂在臀后摆动。这些不良动作都是要逐步纠正的。

　　结伴而行可以形成健走的良好氛围。几人同行不仅可以避免健走的单调沉闷，也可以相互提醒监督，做到持之以恒。同时，佩戴可以显示步数、时间、长度、强度、心率、血压等指标的运动手表可以使健走变得更科学，也更有趣。

## 老年人生命质量的必需品

2010年，我国60岁以上老人占总人口的13.3%，2015年上升到18.1%。到2022年预计每4个北京居民中就有一位老人。中国人的平均预期寿命已接近世界先进水平，即接近80岁。也就是说，我们每个人一生中都有1/4的年龄段是在老龄及高龄中度过。那么多的老年人，那么长的老龄期，他们的生活质量如何，生命质量怎样呢？

*活得长 ≠ 活得好*

先来看看中国老年人的身体健康状况。

中国老年人的平均带病期时间较长，城市男性为12.25年，女性为15.11年，农村男性为9年，女性为11.46年。

中国老年人60岁以后的寿命中有3/4的时间生活在带有慢性疾病的状况中。而且，女性老年人带病期较男性长。老年人的平均预期带病期较平均预期健康期要长，存活在高龄期的老人大多伴随着各种慢性疾病。

中国老年人的心理健康状况更令人担忧。他们自我评价出来的平均预期心理健康期较身体健康期还要短。城市男性仅为4.67年，女性更短，为4.04年。简而言之，在中国老年人的未来寿命中，较长的时间处于心理不健康状态，记忆力差、缺乏良好的人际关系，孤独和无幸福感可能会是导致他们心理问题的主要原因。

于是，大多数60岁以上的老年人都有一个痛苦的身心伤残期，男性为3.78年，女性为5.12年，盲、聋、又盲又聋三种残疾占总残疾的86%至90%，其余为肢体残疾、智力残疾和精神残疾。女性的伤残程度大于男性，且得不到及时的治疗。因此，进入伤残期的老年人约有一半时间不能自理，女性老年人在伤残期绝大部分时间生活不能自理。一些老年人晚年的生活境遇惨状难以想象。

我们在机场、车站、宾馆经常可以看到一些来自发达国家的高龄游客，他们自己背着双肩背包，拎着行李，带着沉重的摄影装备，行动自如。可以看出他们具有较强的生活自理能力和社会适应能力。而有相当多的中国老年人奉行着"60不出国，70不出省，80不出屋，90不下床"的生活原则，胆怯地生活着。

为什么中外老年人有如此大的差别？有一个研究给了我们一些启示：

"导致美国人健康寿命延长 30 年的众多因素中,大部分因素与医学无关。"

奇怪,与医学无关,那么,与什么有关呢?答案是体育。

**体育,让老年人远离慢性疾病**

改革开放以来,城乡居民生活方式发生了巨大的变革,其疾病谱和死亡谱也随之发生了重大的变化,接近发达国家水平。贫穷时代蔓延的急性传染病的发病率和死亡率大大下降,而一些慢性非传染疾病,特别是肿瘤、心脑血管疾病成为主要死因。而死亡率位次的前三位变成心脏病、脑血管疾病和肿瘤。

2013 年,中国各种慢性病患病率已达 20%,其死亡数占总死亡数的 83%。我国 2019 年高血压患者 1.6 亿~1.7 亿,高血脂 1 亿多,糖尿病 9240 万。平均每 30 秒便有人死于癌症、糖尿病和心脑血管疾病。肥胖的问题也越来越突出,超重、肥胖者达 7000 万~2 亿,中国人的腰围增长速度居世界之冠。

疾病谱和死亡谱的变化对老年体育活动提出了新的要求,因为以上疾病多与运动缺乏有关。

常言道"年老多病",其实年老未必一定多病。人老了,身体出现一些退行性变化是正常的生理过程,是无法抗拒的。但老年疾病不等于退行性变化,是完全可以减轻、避免的。

作为生命体,其存在的重要标志在于能与外界不断地进行能量、物质和信息的新陈代谢,这三种代谢缺一不可。而体育活动正是促进人体代谢的重要形式。有人误以为体育仅仅是能量物质的消耗,只将其作为减肥手段。其实,很多慢性疾病的发生都是因为代谢的紊乱或不足造成的。

只有进行有规律的、不间断的体育活动,才是最有效地解决这类身体问题的好方法。营养是必需的,但不参加体育活动,不能引发食欲,即使吃进去也不能更好地消化吸收,不能转化为身体需要的有效物质。身体生病了,采取药物治疗等医学手段是应该的,但也要辅之以积极的体育手段,才能尽快康复。保健品则是不必的,只要膳食平衡,各种营养物质在食物中都应有尽有。不管保健品的广告多么吸引人,老年人都要敬而远之。

**体育,让老年人重塑生活自信**

各种心理疾患正在折磨着中国的老年人。紧张、焦虑、孤独、自闭、自虐、抑郁、妄想等心理疾病正在中国老年人群中迅速发展扩张。譬如,我国老年痴呆患者每年以 30 万的速度增加,总人数约占全世界患者总数的

1/4。这些心理疾患可以使老年人的生命质量骤降,而且大多是不可逆的。

这给我们敲响了必须重视老年人心理健康的警钟。

老年人心理疾病的病因之一是他们生活自信的泯灭。参加体育活动是恢复生活自信的重要方法之一。生活自信的建立不仅靠自身能力的加强,也要靠外界不断给予的肯定、鼓励和赞许,而这恰恰是体育活动可以给予老年人的。体育活动不仅可以让老年人具有充沛的体力、旺盛的精力,而且运动技术可以延伸到生活动作、劳动动作、艺术表演动作之中,使老年人的各种动作更加准确、更加优美,这就无形中提高了老年人的生活自信心。

老年人在进行健走、跑步、登山、练拳、打球等活动时,常常可以听到身边年轻人发出的自愧弗如的赞叹声,看似简单的一句话对老年人树立自信心很有帮助。老年人和孩子一样,喜欢听到表扬和赞赏,因为生活中的自信是比较出来的,是在他人的赞誉声中成长起来的。

**体育,让老年人重归群体生活**

让老年人缺乏生活自信心的另一个原因是在社会适应方面出了问题。

退休的老人,退回到自己的"螺蛳壳"里,失去了曾经前呼后拥的气派,没有了推杯换盏的机会,心理难免不适应。因此,心理平衡必须在新的社会适应中寻找回来。在中国这事有点难,因为我国的民间社团还远没有发展成熟起来。在其他国家,有宗教、慈善、阅读、旅游、运动、野营、合唱、舞蹈、摄影、编织、园艺等社团,各式各样的民间社团涵盖了社会的大部分人群,包括老年人。这使人们在离开职场后,有事情可做,有朋友可交,有团体可依托、可归属。

中国目前还做不到,但体育参与可以作为一种弥补。参与体育时可以结伴,可以组队,把老年人重新组合起来。

我每天清晨与人结伴在小区院里健走。我顺时针走,他逆时针而行,相遇后我们同行,边走边聊,谈新闻说轶事,论家事国事天下事,不知不觉一小时的健走就这样完成了。我们之间相互提醒督促,无论酷暑严寒都坚持了下来,成为小区里一景,而且建立了一种新型的社会关系,丰富了各自的生活内容。

我还和其他几家人形成组合,每到周末就相约驱车到郊县踏青、登山、野炊,几乎看遍了京郊的远山近水,后来还一起出国旅游。

体育社团是一种不设门槛的社团,谁都可以很方便地自由进出,体育作为一个媒介，构架起了一座老年人之间的桥梁，它可以沟通心灵，交流感情，让老年人相互搀扶。

因此，可以说，体育是老年人生活的一种必需品。

## 挪威老年体育一瞥

北欧国家的体育运动静悄悄的,既没有几个惊天动地的运动项目,也没有多少声名显赫的运动员,但在这几个国家,大众体育却开展得热火朝天,特别是老年体育开展得有声有色。

刚刚过了清明节,北京已是春和景明的日子,我就前往北欧。一来想领略一下负有盛名的高寒国家的自然风光,二来想实地考察一下在这些福利国家的人们是怎样生活的,三来就想探访一下挪威、瑞典等国的老年人体育的实际状况。

北欧国家地广人稀,我们抵达挪威首都奥斯陆的时候已近傍晚,城市静悄悄的。第二天我们起了个大早,天没亮就赶往松恩峡湾。我们越走越远,越走越高,越走越冷,到山谷时完全进入了下着鹅毛大雪的严冬。一路上几乎无车相遇。到了美丽的松恩峡湾,乘坐了游船和旅游小火车才见到一些人,但也大多是外国游客。

然而,当我们回到奥斯陆时,却完全是另外一幅景象,让我大吃一惊。

奥斯陆是一座丘陵城市,又是一座滨海城市。背靠着的巍峨耸立的霍尔门考伦山使它富有静态的美,而曲折迂回的奥斯陆湾给它增添了灵动感。城市中少有超过六、七层以上的高大建筑,许多别墅式的建筑群错落有致地排布在山峦上,只有分布在市内的多座教堂的哥特式尖顶告诉人们这里会有群体性的活动。

这天正逢周六下午,我们突然发现街上的行人慢慢地增多起来,好像是从四面八方涌到歌剧院门口来的。街上很快就成了欢声笑语的集会场所。原来一场环城越野跑比赛就要在这里鸣枪开赛了。

法院门口的那条街封了起来,电线杆和路边栅栏上挂起了不少彩色的标语、广告,高音喇叭响起了音乐。不少人在做准备活动,他们向山坡上跑去。山顶上就是皇宫,皇宫并不雄伟,只站着一个盛装的警卫,人们并不理会他的存在。宫前的广场不大,铺着红色的粗沙,宫后的花园更小,呈三角形,栽了几株树,人们三五成群地绕过后花园回到市区,五颜六色的运动服使皇宫广场上的氛围也跟着活泼了起来。

一排临时厕所很快搭建起来,一会儿运动员就排起了长队,显然,即将开始的比赛使运动员进入了赛前的紧张状态。在这些运动员中,老年人占了很大的比重。挪威很早就进入了老年社会,尽管北欧国家对生育采取了很高的奖励制度，如生育后给母亲很长时间的产假，给父亲很长的陪护假，给孩子很高的教育费用，但人口仍然增长缓慢。

大约三点钟时，比赛开始了。起点就设在法院门口，一个约有几百人的方阵走上起跑线，方阵中有一户户的家庭，有一对对的情侣，有白发苍苍的老人，也有七八岁的稚童。

枪声一响，大家兴高采烈地向皇宫那边跑去。当我望着他们背影远去的时候，第二个方阵又走上了起跑线，当我送走第二方阵，向坡下远远望去，发现至少还有十几、二十个方阵在等待出发，我惊呆了：这只是一个不到60万人口的城市啊！也不过是中国的一个中小县城的人口规模。

当我匆匆赶回去追寻旅游团其他成员的时候，见到已有不少老年人的脖子上挂上了奖章（也许是纪念章）。因为时间局促、语言不通，我无法采访他们，不知他们跑了多长距离，如何报名，如何分组，但我从组织工作的纯熟程度可以看出，这是一个十分普及的活动，而且门槛很低、年龄跨度很大，并且很受人们的欢迎。

在挪威，体育运动深受老年人的喜爱，除了长跑，他们还经常参与滑雪、健走、自行车等多项活动，在每一座公园都能见到为跑步者设置的可以保护膝关节的软性路道，每一个市区都能看到为骑车者开辟的自行车专用车道。在这里骑车出行不仅是代步工具，而是体现着绿色环保的追求，也标志着体育人的高贵。

看着这个城市里不断奔跑的人群，我陷入沉思：在一个如此珍视生命的国度出现如此盛大的体育场面，不足为怪。而如此众多的老年人与体育为伴，则必定有着一个深邃的生命观作为人生底蕴，这或许就是老年人体育的真谛。

# 五、中国足球

## 足球之问

新一轮关于中国足球"病因"的探讨又开始了,这次"诊断"的结果是"文化落后"。虽有点道理,但还是经不起推敲,中国几乎所有运动项目都在同一文化大环境中生存,何以有的项目能在世界体坛长盛不衰,但足球总是发展得不理想?有些运动员在低年龄段就进入专业队甚至国家队,个人的文化程度不高,但照样能拿世界冠军、奥运冠军,这又如何解释?中国小学生、中学生足球队不能与外国同等文化程度的校队抗衡,这又如何用文化解释?每个单一原因解释中国足球都貌似有点道理,但针对单一病因开药方、寻找出路,都难免尴尬。

中国足球已被提升到国家战略水平加以认识,国家对足球的重视已到无以复加的程度,对中国足球的经济投入已大大超过其他运动项目。

全国几乎所有中小学都被要求踢校园足球,青少年儿童的足球人口基础在全世界都算雄厚。中国聘请的一名国家队外教,年薪几乎是世界前10名知名俱乐部教练员年薪的总和。然而,中国足球仍踢不过战乱的叙利亚、小国卡塔尔,也踢不过职业俱乐部制晚起步十年的日本、韩国,甚至还踢不过泰国。

足球是一项非常特殊的运动,号称"世界第一运动",它的世界影响力非常巨大,世界杯甚至可以与奥运会并肩而立。正因为如此,全世界对足球的投入是惊人的,从德国为了获取2014年世界杯冠军,在里约提前三年做精心准备就可以看出来。世界杯每四年所出现的格局上的惊人变化更让我们看出世界足球不会墨守成规,更不会一劳永逸。

中国足球确实也在进步,这是不争的事实。之前,我在梅州开会遇到20世纪50年代的我国门将张俊秀,他说他是中国学会鱼跃扑球的第一人,我很惊讶与敬佩。与那个时代相比,现在的中国足球无论个人技术,还是战术水平都发生了天翻地覆的变化。但是,与世界足球的进步速度相比,我们的脚步过于沉重了,我们赶超的差距没有缩小,反而加大了。

中国的足球,已经不仅是一个体育问题,而成为一个典型的社会话题,因其持续时间之长久,因其采用的各种治疗手段措施之无效,也因其作为一种显文化对其他隐文化的表露价值。

在中国发展足球究竟为了什么?这是足球的根本理念问题。这对青少年足球尤为重要,也是与足球发达国家差别最大的方面。我们每次对足球的强调，每次给予足球特别的许可，都是中国足球队在世界杯小组赛败阵之后，都是为了要挽回面子。然而，为了争面不惜层层揠苗助长，竭泽而渔，造假学历、假年龄，最后进入一个恶性循环。过早把孩子按在选拔人才的模子里，让他们失去了享受足球的快乐。即使用这些不惜代价的办法把成绩搞上去了，也不会持久。

　　当理念不端正、出了问题，足球的麻烦就一定是多因的：从道德观念到足球文化，从体制到机制，从选人、用人到战术技术，从全队到明星，都会有埋伏陷阱。而且还要看到中国足球队的困境在不同历史阶段是不同的，没有一副药可以包治百病。曾以为足球水平上不去是因为运动员体力差，便测试12分钟跑，也曾以为球员的纪律问题很重要，便去军队受训。但最终这些头疼医头、脚疼医脚的办法难除病根。目的不明确，任何手段都未必可靠。只有真正调动起每个中国足球人的内生动力，或许才会看到希望。

## "足球之乡"复活

　　我与梅州结缘是很早以前的事了。几年前，我还在华南师范大学工作时，嘉应学院想提升学术地位，询问我的意见。我建议他们以"足球之乡"的名义，开办全国性学术会议。校方积极性很高，学会主任委员杨文轩先生也很支持，研讨会就办成了，还挺成功，并形成了传统。之后，研讨会被市政府接了过去。于是，我这个不懂足球不踢足球的人便成了梅州的常客。

　　其间，校园足球突然升级，热闹了起来。梅州足球如鱼得水，顺应大势，迅速恢复了昔日的辉煌。大量足球场分批兴建起来，各种联赛异常活跃，十几家俱乐部走向成熟。一支球队如果冲进了国家甲级队，政府便奖励1000万元。"足球之乡"，华丽转身为足球城市。

　　梅州之所以因足球成名，不能不提到一个人，就是世界五大"球王"之一李惠堂。他是梅州五华人，一生踢进1800多个球，五华县曾举办过李惠堂先生诞辰百年纪念活动。这次赴梅州参加论坛，也是讨论并发扬他的足球精神。

## 要脚踏实地踢球

之前,我参加了一个关于足球的研讨会,后又去做了一些调查,听到了一些问题,感到十分担忧。有关部门为了提高校园足球的发展速度,对一些"重点"地区,甚至高寒不适于全年开展足球的地方给予了超大规模的投入,其结果是破坏了公平竞争的机制,最终一定会损害校园足球整体的发展。

青少年足球的竞赛活动出现乱象,教育、体育、商业等部门机构多管齐下,比赛不断,严重干扰了青少年正常的训练和文化课教学,大量的训练资金不得不用于差旅费。青少年足球运动的正常竞赛体系若不能建立起来,正常的训练大纲就无从贯彻。急于选拔运动员,最终会毁掉校园足球和青少年足球运动。竞赛是一条硬杠杆,也是一把双刃剑,它可以推动足球运动的发展,也可能搅乱足球运动的正常秩序,使足球运动变成一个热热闹闹的无效益的市场。

曾经少年运动员的骨龄测试被安排在了新疆,全国所有运动员云集乌鲁木齐市。大部分孩子要花几千元机票、车票才能往返。青少年比赛中年龄造假的问题日益突显,以大打小的现象伤了很多人的自信心,如任其发展,校园足球运动必毁于一旦。当年全国青少年运动会因年龄作弊不得不停办的历史教训不该忘记。

## 知耻才会后勇

2019年，中国国家青年男子足球队（以下简称"国青"）U19惨败于越南。不仅比分输了，斗志也输了。

国足的输球变幻出了许多花样，对富国输，对穷国也输；对强队输，对弱队也输；对和平的国家输，对战乱中的国家也输；客场输，主场也输；大比分输，小比分也输；先赢后输，一输到底；换运动员输，换教练员还输；先输东亚，再输西亚，现在输在东南亚；举国体制输，职业足球还是赢不了；国足输，国奥输，国青这次又是一次以失败结束的行程。

中国足球可能花掉了最多的钱（包括纳税人的钱、企业的钱），而让民众与企业得到的却是无尽的愤懑。

国足到底怎么啦？国足到底怎么办？

就像在家里被宠坏的孩子，娇生惯养，任性之极，不求上进，好吃懒做，大手大脚；不知大人的辛劳，稍不如意就撒泼耍赖，长大成人后会把家产败得精光。

从重视，高度重视，到过度重视，再到极度重视就成了宠溺。国足就是一个被宠坏的孩子。解决足球的问题首要办法是戒宠。

## 回望里皮

里皮来了，里皮又走了。

他厚重地来，沉重地走。

他曾将多个球队带上世界杯领奖台，但今天还是走了。

里皮的任教将为国足留下一段深刻的记忆。从他羸弱的身影、无神的眼光、弯下的腰背可以看出他是尽心尽力的，但面对球队在关键时刻犯得低级错误，他还是束手无策。

里皮的来去，向我们证明了一个简单的道理：国足的问题不在于教练。从施拉普纳开始，我们就把拯救国足的希望寄予伟大的救星以及大笔的金钱催生出的偶然突变。事实再次证明国足患的是难以除根的慢性病，世上没有应对这种病的灵丹妙药。

里皮的来去还告知我们一个浅显的道理：国家足球队不等同于中国足球。湖水再多，也提炼不出一克盐来；而海水再咸，方法不对也难以造就好的结晶。他拂袖而去，大概是看明白了个中的苦衷。

## 谈建设海外青少年训练基地

校园足球发展起来了，但距有些人想象中的一举成名、一步登天的目标，还差得远，于是开始憋绝招——到海外去建青少年训练基地，"借壳上市"。

中国的国土太小了吗？非要借海外一块地。难道荷兰、比利时、卡塔尔、泰国等国比中国大吗？这些国家足球不是照样踢得风生水起。

中国的足球氛围不好吗？难道战火中的叙利亚、伊拉克就比中国好许多吗？

中国没有顶级教练吗？诚然。但我们不是请了大量外教，还花天价请来了世界顶级教练？现在，国内各地与欧洲俱乐部合办的足球学校还少吗？试问，又有哪个国家的顶级教练会来给你的青少年训练基地执教？

需要去其他国家学习先进的足球理念吗？确实需要。但足球理念是在足球实践中形成的，不是少数几个球员的事情，而是所有足球人的事情，绝不是在海外办几个基地可以解决的。

当年管理者选一批少年运动员到巴西去训练，我是持不同意见的。这种打破公平竞争机制的做法，就算可以培养出个别人才，但最终会造成整体的损失。后来，他们仍不接受教训，又选派孩子去德国。这种择地育苗的做法，并不能给中国足球长期整体的发展带来益处，即使建设好了一支球队也伤害了所有人的积极性。中国竞技体育将体育资源高密度投注到少数人身上的做法一定会形成一人独大、一队独大的垄断局面，最终必定走向凋敝，因为它违背了市场运行的规律。

中国的几个优势运动项目，如乒乓球、羽毛球、体操、跳水、女排等，哪个靠的是建设海外基地成功的？这些项目不仅吸收了国外先进的训练理念与运动技术，而且实现了项目的本土化，只有这样运动项目才能长盛不衰。

把大批青少年送到国外去，管理上的难度且不说，他们的文化教育问题如何解决，总不能在基地旁边再办一所中国学校吧？

发展竞技体育的目的，不仅仅是为了让球队出线，获取金牌。一个脱离本土的、脱离国情的青少年，脱离中国社会的竞技运动项目注定是没有生命力的，难免不是"转基因"的，有些项目可以在小众范围里生存，而足球这项运动，则万万不能。

办青少年训练基地要将大把大把的钱送出去，出这些主意的人是否想到了成本与代价？如果认为花这九牛一毛的钱无伤大雅，那么，我建议建立一个终身责任制：如果中国足球从此翻身，为当年的倡议者颁发"国家精神贡献"荣誉奖；如果让百姓的血汗钱再次打了水漂，要追究他们的责任。

世界上没有哪个国家比中国更重视足球了。我认为，"重视"的要点在于尊重，即尊重足球运动的发展规律，舍此，一切"重视"皆为旁门左道。

## 初解克罗地亚密码

我这个"伪球迷",要是参赌有克罗地亚球队的比赛,必定输个精光。这支很少被球迷与媒体提及的南欧球队竟然跌跌撞撞地进入了俄罗斯世界杯的决赛。本来名不见经传的球队,大众现在不得不对它刮目相看。

中国人总想向成功者取点真经,尤其是屡战屡败又屡败屡战的中国足球,更想看出点诀窍。于是,就去探一探究竟吧。

我们不妨跟着克罗地亚的女总统基塔罗维奇的脚步进入这支球队的更衣室去看看。推门进去,一地狼藉,甚至可以说穷酸。刚刚取得1/4决赛胜利的队员并没有喜形于色,个个忙于洗涮更衣。女总统忽然"到访",既没有男室进了女客的诧异,也没有不速之客是一国之尊的喜大普奔;没有掌声,没有欢呼,没有谢词,显得既平常又不平常。

克罗地亚这样一个面积不到6万平方千米、人口仅是北京人口总数1/4的蕞尔小国,能把足球踢得这样而出神入化,可能会有千百条理由,但更衣室里的这一幕尤发人深省。

足球就该是一种游戏,足球就该有一种桀骜不驯的性格,不屈从强势,不俯仰权贵,不听命金钱。走自己的路,让别人去说吧。

我从克罗地亚队员们一张张平淡无奇的脸上读出了他们的不易,他们的孤傲、他们的自由、他们的坚持,也许多少也读出了他们成功的某些秘密。

# 六、民族传统体育

## 武术为何总在奥运会门外

20多年来，中国体育有两件特别糟心的事：一件是足球的屡战屡败，人所共知，自不待言；另一件是中国武术协会向国际奥委会申请，要求将武术列为奥运会正式比赛项目（以下简称"入奥"）却几番铩羽而归。东京奥运会新项目猛增，但中国武术再次无缘，此事究竟失在哪里呢？按照是否是奥运会设项将运动项目分成三六九等进行管理，是不智之举。我国体育界一方面花巨资养了一些可能在中国大地难以生根发芽的、小众的、娇贵的运动项目；另一方面对具有民族传统基础的、民众喜闻乐见的运动项目却任其自生自灭，如对中国传统弓箭和中国式摔跤的冷漠，对棒垒球的忽冷忽热。而且，国际奥委会对奥运会项目的划线本身就是游移不定的，给东京奥运会突然增加的五个大项，让我们茫然不知所措。跟着人家跑，永远摆脱不了"尾随"的尴尬。对奥运会要坚定地立足本国，走"中国特色"的路，使国际体育服务于本国体育发展，符合本国人民利益才是正道。武术"入奥"的失败具体可归纳出以下几点原因：

其一，此事本不应由武术部门来做，应由中国奥委会来做。中国奥委会更了解奥运会的需求与国际奥委会的现状，更易与之进行公关交流。中国奥委会面对所有民族传统体育项目，甚至包括新兴项目，可以有多重选择，而武术部门的选择是唯一的。2008年北京奥运否定了武术，之后的努力几乎都是徒劳。申请太极拳"入奥"更是与奥运会提倡的"更快、更高、更强"反其道而行之，实在令人不解。

其二，以武术的名义打入奥运会，是不懂武术之举。武术源远流长，拳种繁杂，门派众多，是一个文化丛体、集合体，任何一种、一派、一个套路都不可能代替"武术"，涵盖"武术"。

追本溯源，已进入和将进入奥运会的项目——日本的柔道、空手道，韩国的跆拳道都起源于中国，都是单一的、有特色的武术项目，其一旦提炼出竞技因素和竞赛规则，很容易为青少年所接受，成为世界性体育文化。这个理由很容易说服国际奥委会委员，使其进入奥运会。

其三，以武术套路进行比赛，再采用竞技体操计分的办法，是一大忌。竞技体操、艺术体操、跳水、花样游泳等项目的规则、裁判法演变到今天，花了很大力气不断进行改进，仍然难以防止人为因素的介入，阻止作弊发生。讲究精气神的武术恐怕就更难做到科学分辨。而且套路比赛逼迫运动员去追求高难度动作,这也绝不是武术运动的初衷。

其四,运动项目进入奥运会的本意不是为了给申报国平白增加几块金牌,而是为了更好地推动这项运动在世界范围内的推广。若以利己的目的出发来做这件事,非但难获成功,还会留下恶名。如果我们以构建人类命运共同体的思维来重新思索和处理这件事,或许结果会有所不同。

现在确实到了静下心来好好反思这件事来龙去脉的时候了。

## 少林寺观箭

2017年8月，我去河南嵩山少林寺观摩禅弓大赛。出发前，在北京西客站与中国两位"箭侠"汇合。他们是徐开才、李淑兰。徐先生献身中国射箭事业，曾任中国射箭队总教练，李淑兰是多次射箭世界纪录打破者。

我与他们相识于20世纪80年代末。那时，国家射箭队在广西武鸣基地训练，我去给他们上课，与他们相处过一段时间。我观察他们的训练以丰富我讲课的内容。他们也将我讲的体育理论运用到实际。徐先生说："那时候你们一叫就来，不要钱，不讲条件，住四个人一间的宿舍。我把你讲的动作规范还编进了射箭教材。"

老朋友相见分外高兴，我们在拥挤嘈杂的8号候车大厅里开始了交谈。李淑兰站起来为我让座，我不好意思，她还是当年那么谦和。于是，我与徐先生隔着一个座位就谈起了世界体育、中国射箭。

他们退休后一心扑在中国传统射箭的事业上。20多年来，中国传统射箭在全国范围内迅速发展起来，射箭的民间俱乐部遍地开花；尤其让人兴奋的是，许多大学都开了射箭课，徐先生编写了大学射箭教材，他们到处去讲学，开展比赛活动。说到传统射箭，他如数家珍，眼睛放光。

后来谈到中国现代射箭上不去的问题，他一语惊人：现代射箭上不去的原因是不重视中国传统射箭。传统射箭便于群众参与，若开展不好，传统射箭便丧失了群众基础。我想，徐先生当了一辈子国家队教练，此绝非虚言，这也是他退休后致力于推广传统射箭的原因。

说到中韩两国射箭水平的差距，徐先生沉重地说，是"术"与"道"之间的差别。进入"道"，就会有信仰，就有了禁忌。我们虽也讲"道"，但只是学了一点"道"里面的"术"，比如礼节，而不是精神。

徐先生的这一段话，让我为之一震，中国射箭一直上不去，是因为只做对了一半；另一半没有顾及的是中国传统射箭、中国传统文化。

## 看体育如何回归本源

少林寺对体育的理解与作为，早已载入中国体育史册。宗教与体育的联姻存有内在的文化逻辑关系，古代奥林匹克如此，中国少林寺也如此。少林寺是中国佛教中的一个特例，对身体的特别强调成为少林寺鹤立于世的显著标志。

当今，少林寺与体育文化的结合产生的"无遮大会"，吸引了千千万万民众，到少林寺观摩的竟达5万余人，在网上观看的人数超过了4千万。这恐怕是即将举行的全运会最希望达到或超过的数字。

少林寺"无遮大会"的举行，是传承也是创新。大会的口号是"平等、结缘、成就"，与常见的体育口号相近又不同。它将竞争隐藏在成就里，将团结演化成佛法的结缘，将重在参与解释为平等。在这样一个体育大会上开展的比赛项目都与传统文化有渊源，但也都包含了现代竞技的因素，激烈的竞争吸引了人们的眼球。中国体育社会化发展到"无遮大会"的程度，是令人惊诧的。

禅弓比赛现场就设在少林寺外的空地上。地面垫了些黄土，但连日的山雨，使地面变得泥泞。比赛的设施简陋，但来自全国各地的运动员心气都很高，现场气氛十分热烈，如同庙会。少林寺的小和尚们穿着各色袈裟，跑来跑去地嬉闹，与射箭时的静形成鲜明对比。比赛在紧张地进行着，人们的心态却祥和平静。

属于大众的体育，或许应该是这样，也可以是这样。

## 观禅弓比赛后感

弓箭，冷兵器时代所及最远、杀伤力最强，且使用时间最久的一种武器。当箭镞漫天遍地而来时确实很恐怖、很具威慑力。即使到了核武器、热核武器、光子量子武器横行的时代，弓箭仍被人类作为武器在使用。弓箭几乎出现在任何一个国家、民族与部落。它可以作为狩猎的劳动工具，也可以成为捍卫家乡、征服异族的武器，还可以成为选拔人才的手段（如中国西周时代的礼射），当然也成就了一项竞技比赛的项目。

现代国际比赛使用的弓箭是工业社会的产物，而传统射箭仍是木、竹、羽角、皮革等为材料的农业社会的制品。但它们却让人回到初始，看到质朴，享受美感，意识到文明起点的威严。

射箭比赛是体育比赛中最心平气和的一类。射箭时心要静，气要顺，聚精会神，心无旁骛，才能调集膂力，轻松撒放。因此，习练弓箭不仅可以强健身体，锻炼筋骨，还能修身养性，冶炼思想感情。故哲学观念、宗教意识常可以在弓箭活动中立住脚跟，为射箭人找到最高境界的支点，禅弓即是一例。

传统少林武术本无弓箭，过往岁月少林多注重近身拳脚之功，无意远程攻防，故未能亲近弓箭。近年开始引入射术，并在2017年首届少林"无遮大会"上设立了禅弓比赛，将其作为压轴大戏，说明少林武术又有了新的重大发展。

比赛使用的弓箭皆为传统器具，但沿用国际比赛规则，裁判由世界冠军、全国冠军等担任。恐怕规模再大的国际比赛也难寻这样的裁判队伍。运动员则大多来自民间，体格强壮，皮肤黢黑。少数民族运动员，身穿本民族服装，证明了射箭是一种多民族共通的文化。

在"无遮大会"闭幕式前举行了禅弓比赛隆重的颁奖仪式。少林寺大和尚与诸位弓箭界前辈上台为优胜者颁奖，我也被司仪叫到台上，给参赛者颁发了奖状、奖杯。

闭幕式结束，一群记者围住大和尚追问，"禅弓比赛今后还会举行吗？"我想这个问题多此一问，禅弓有道自当前行。

## 龙舟运动的兴起

正当我们为北京冬奥会倾注全力时，正当我们为中国足球的败绩捶胸顿足时，正当我们在为"马拉松热"降温时，一个令人欣喜的消息传来：龙舟，正在兴旺起来。"龙舟热"来得势不可挡，其社会文化原因简述于下：

（1）当今中国需要一个既能体现奋发时代精神的，又能展现中国传统文化特征的团体性体育项目，龙舟登场恰逢其时。

（2）中国体育需要一个既属于中华文明，又与西方竞技运动最相近的项目，这非龙舟莫属。因此，可以预料的是，龙舟进入奥运会只是时间问题。

（3）龙舟文化源于长江流域的荆楚，扩展至巴蜀、吴越，又来到中原、岭南，甚至渗透到三北，它大大突破了地域特征，是一种与民俗、祭祀、纪念文化相结合的扎根极深的传统文化。因此，龙舟能毫无障碍地迅速传播绝非偶然。

（4）近年来由于中国各地对江河湖海的精心治理，出现了大量洁净平静的水域，这为龙舟的训练比赛提供了良好的条件。龙舟比赛气氛热烈紧张，号召力极强，常常成为各地节事活动的高潮、热点，深受当地民众欢迎。

（5）龙舟运动与市场的结合度很高，船队的社团背景、商业背景深厚，不仅自发组成了各种"职业队"，而且业余训练竞赛也大多可以得到商家的资助，赛事活动对政府来说压力较小。龙舟运动一旦开展起来，较少有后顾之忧，这是一个运动项目能持续发展的前提。

（6）龙舟运动得到教育的大力支持。许多地方的高校都开展了龙舟运动，如清华、北大曾开展过赛艇比赛。而当前的龙舟运动在高校里风起云涌，势不可当。这一现象说怪也不怪，一方水土养一方舟船。当今一些中专、中学、青少年队、女运动员也裹挟进来，各级赛事促进了运动员的流动，运动员的流动也促进了赛事的繁荣。

（7）龙舟文化自身正在提升，龙舟比赛的流程正在走向正规，龙舟运动的技术动作得到生物力学、流体力学的学科支撑，船体桨叶的设计也将逐步走向标准化。

龙舟，一项大有希望、大有作为的运动，一项大步走向世界的运动，期望它有辉煌的未来！

# 七、学校体育

## 体育与教育

中国的教育与体育的分离是有其历史与现实原因的，也是有故事的。

"文革"前这种分离态并未成为社会问题。"文革"开始，学校即全面停课，此后不正常的教学秩序延续了10年。1972年，周总理力主召开了全国五项球类运动会，但此后体育与教育开始渐行渐远。体育部门不得不独自承担起从业余到专业的全部工作，业余训练从一集中、二集中到三集中，将学生的运动训练、文化学习和衣食住行全部包了下来，彻底与教育隔绝。

"文革"结束后，教育部门不再承担与竞技体育有关的任何工作。体育部门也不再干预学校内的体育生活。1977年恢复高考至实行独生子女政策后，业余训练迅速萎缩。于是体育部门提出"体教结合"，但并未成功。

令人奇怪的是，这一阶段学校体育走上了一条强烈排斥竞技体育的路，体育课传授运动技术被称为"传习式""没实用价值"。20世纪80年代后，一次又一次的学校体育改革都是以增强体质、增进健康为由，排斥竞技体育。1979年，在扬州学校体育工作会上提出的"三个为主"，暗示将竞技体育赶出学校，在这之前，开始的课程标准改革甚至叫嚷要打破竞技体育的教材体系。于是，造成中小学体育教师大量流失，体育场地被占用，体育器材被拆除，学生体质状况持续下降，运动后备人才匮乏。

早在1995年，我就撰文《竞技体育要理直气壮地进入学校》，提出竞技体育进入学校是体育教育的进步，竞技体育是具有教育价值的体育存在，以及竞技体育对造就现代人具有巨大贡献等观点。20多年后终于见到竞技体育重回中国各级学校的喜人局面，深感欣慰。

"体教结合"迟早要让位给"体育回归教育"。这里讲的"体"，指的是体育部门管的竞技体育。不仅要让青少年儿童看到竞技金牌熠熠夺目的光辉，以及达到竞技高峰获取金牌的路径，更要让他们看到进入竞技运动、获取金牌的"机会"。

中国的高考为什么能把那么多家庭与学子调动起来？因为大家都看到了其中蕴含的机会，改变人生道路、决定自身命运的"机会"。

若一个国家竞技体育体制提供的"机会"是不公开的、不平等的、遥不可及的、不具备多元性的，甚至是神秘莫测的，那么必定经营成的是一个小众的、低效率的、路越走越窄的、自娱自乐的小圈子。

一个良性的社会，会让所有的孩子都有机会展示自己的竞技才能，都有权利达到与自己天赋相应的竞技水平,但必须把他们有机会参与竞技作为前提。

  一个一生没有参加过游戏的儿童,其心理发育可能受影响;一个一生距竞技遥远的青年,融入社会的难度可能变大;一个从来不开运动会的学校,不用指望它能培养出什么高水准的人才。

## 学校体育不能走逆行道

某一次讲学活动进入互动阶段时，一位中学体育老师问我："您对提倡南瓜、扁担进体育课堂有何看法？"我斩钉截铁地回答："这是文化的倒退！"诚然，有不少体育运动项目或活动方式来源于生产劳动技术、军事技术和生活技术，但经过多年体育工作者的锤炼、提纯和抽象，这些技术等已经进入人类的身体文化宝库，成为成熟的运动技术，它们更有利于身体锻炼，更有利于身体活动技能水平的提高，更有利于开展身体教育。我们运用这些方法进行体育教学何乐而不为？何必剥了皮的香蕉不吃，非要连皮一起吃。

中国近30年的学校体育改革强力主张与运动对立，其教训已相当深刻。有人说学推铅球没有用，谁离开学校还推铅球；还有人说谁见过行人过马路是用蹲踞式起跑的，所以学生不必学这种起跑技术。这都是不懂文化的实用主义观点。照此推理，李白杜甫的诗，苏轼陆游的词哪首平时用得着，何必要学？文化有时候恰是一种"无用之用"，它的用处不在一时一事，而在于长久发酵。文化可以进入人的潜意识，成为民族精神。

## 文化考试不及格不得参加比赛

我在网上看到一则来自浙江的报道：21名绍兴籍运动员因文化考试不及格，补考仍不及格，被取消了参加省运会的资格。我认为这种做法是正确的，它捍卫了义务教育制度的尊严，捍卫了运动员的根本利益，捍卫了竞技运动的文化形象。

运动员不是终身职业，即使是职业运动员也有退役的一天，所有运动员都必须经历"第二次社会化"的过程。对运动员进行必要的文化教育是实现这一过程的前提。我国有不少运动员离开体坛时处于文盲、半文盲的状态，给他们以后的生活带来极大的困难。中国的学历教育进入高速发展的时代，这就使得运动员与社会的整体差距越来越大。中国实行强制性的九年义务教育，一些地方的运动员是在义务教育之外生存的，这是极不正常的。

长期以来，中国运动员在举国体制的"庇护"与照顾下，忽视必要的文化教育，一直在叫喊"体教结合"就恰恰证明体教的失离问题没有得到根本解决。这一现象的恶果不仅给运动员个体造成终身的损失，也使我国竞技体育，以至整个体育队伍文化素养偏低，最终影响国家竞技运动的实力。一支没文化的队伍在现代化进程中迟早是要落伍的。

很多国家非常注重运动员的文化教育，多数运动员出自高校。奥运会的奖牌获得者在比赛间歇时间还要捧读教科书，回国后要照常参加各种考试。

浙江省的上述做法，表面上可能给运动成绩造成了一点损失，但是这是有远见的、值得称道的。当各级运动队都能守住这条底线时，我们的竞技体育队伍一定会出现另一种风貌：更追求文明，更懂人文，更注重科学。

## 速度，必须从娃娃抓起

入夏以来，体坛各项目竞赛活动精彩纷呈，男女足、男女排、法网等多项国际竞赛实在是令人目不暇接。中国运动员在比赛中输赢都有，有的令人称道，有的让人扼腕。有好多比赛回合总让人感到差那么一点"火候"，慢半拍，其实就是速度跟不上。在中德女足比赛中双方在奔跑与抢位时、中美女排比赛中双方在移动与救球时的速度差别都十分明显，成了比赛胜负的关键。

运动竞赛中的速度素质非常重要，因为绝大多数比赛都是竞速的，如田径、游泳、自行车等计时项目。有些项目虽本身不竞速，但要求在规定的时间内完成，如竞技体操、艺术体操与球类运动。

速度素质分为反应速度、动作速度、行进速度等。人们提高速度素质的发展敏感期很短，是7～10岁；反应速度可延至12岁；跑步的步频一般在10～13岁最敏感，过了13岁就很难提高了；而步幅在18～20岁还有提高的余地。总的来说，在孩子们的青春期是速度素质发展的最佳时期，一旦错过了这个时期，想提高相对就比较难。而且，速度素质还与协调、灵敏、力量等素质有密切关系，速度上不去，运动员难谈未来。

孩子们的速度素质不仅与运动成绩有关，也与他们未来的生活、生产与军事活动密切相关。而且速度也与儿童少年的性格培养有关，速度快的孩子灵活、机敏、勤快、精明，乐于接受新鲜事物。

然而，我国小学与初中阶段的体育教育未能有意识地去培养孩子们的速度素质。一是认为速度素质与健康关系不大，没有耐力、力量与柔韧重要；二是学校也没有足够的场地器材用以提高学生的速度水平。速度的欠缺不仅是中国高水平运动的短板，也已经成为国民体质最需补课的环节。青少年儿童体育分两部分：一是在学校里每周2节以上的体育课，每天1小时的体育活动。国家体育锻炼标准、健康合格标准都是要强制执行的，只要教育部门严格执法就能做到。二是学生参加的社区与社会上的体育活动。这类活动是学生自愿参加的，目前的组织形态、活动方式、主管部门、经费来源均难以落实。

我常说，国民体质状况是制约竞技体育发展水平的最终要件。学校体育搞不好，国民体质上不去，精英竞技也就走不远。

## 会泽的运动优势在哪里

云南会泽县是全国著名的深度贫困地区,脱贫工作压力极大,但这里却是全国多个运动项目的后备人才基地,涌现出了大批运动人才。有的成为全国冠军,有的在国际大赛一举成名,有的已达到下届奥运会的报名资格。为什么会出现如此巨大的反差?我认为靠的是两个字:不平。

(1)地势不平。从海拔500多米到4000多米的地形随处可见,人们开门见山,出门爬山,孩子们上学放学赶路,自幼造就了良好的低氧状态下的血液循环优势。将竞走、中长跑、自行车与赛艇等不同耐力项目的需要合理分布在不同海拔高度阶梯中,自然可以按图索骥,选拔出好苗子。

(2)贫富不平。竞技运动是自讨苦吃的活计。有人问球王贝利,你的儿子会成为球星吗?他断然回答:不行,我当年是在贫民区的巷子里赤脚踢球,而他早早开上了奔驰车。贫困家庭的孩子大多吃苦耐劳、厚道、诚实、有担当。当体育被纳入社会的脱贫计划,选拔运动员成为家庭脱贫的行动时,贫困的劣势竟成了体育的优势。

(3)不平则鸣。有了上述的条件,还要有一批有心人来实现这种转变。刚踏入会泽体校大门,校长就把我们领进了学员的宿舍:整洁干净,床铺整理得非常整洁,被子折叠得如"豆腐块"。看到一双双鞋子摆放得整齐划一,一位专家顿时反应过来说:尊重鞋,就是爱护脚,这是成为优秀运动员的前提。细节决定一切!小运动员在这里不仅得到了良好的文化知识教育,还得到了人格素养的培训。有理想有抱负的人才能拥有未来。在运动人才培养的大视野中,有了全面发展,有了个性形成的眼光,自然就会人才辈出。

## 体育老师争回了尊严

长期以来，在中国舆论中，在说到缺少知识、无理取闹等人和事时，总是拿体育老师垫背。一些电影、电视剧中也总是用体育老师、体校教练做反面人物。因此，体育老师的职业形象受到严重损毁。体育老师不仅在教育界无话语权，在日常生活中也成为取笑对象，这是极其荒唐的。

人们总是埋怨中国学生体质状况没有好转，中国足球踢不好，但很少有人从体育老师的地位低下、工作环境恶劣找原因。前些年，名人方某子，著名经济学家王某重，在讲话中公开贬损诋毁体育老师和体育工作者，有关部门听之任之，体育老师们也只能忍气吞声。

某视频拿体育老师开涮，在网上引起大家的强烈反感与不满，这股浪潮促使该视频立即下架，其主管单位的道歉虽显肤浅敷衍，但总算有了回应。这次全国的体育老师集体站了出来，争回了自己的职业尊严、人格尊严，这是一起重要的、有时代意义的体育事件。

在长期的体育竞赛活动中，体育老师是最懂规则、最讲规则、最守规则的人。在发生某女士阻拦高铁正常运行事件后，某媒体女主持人再次嬉皮笑脸地用体育老师去比喻不讲规则的人，这是一种极度无知的表现。如果用这种无知所产生的优越感将体育这个职业打入"低端"，百般歧视，千般嘲讽，最终会有损民族形象。

一个尊重所有职业的社会，才是健康、平等的社会，才是人人有尊严生活、有光明前途的社会。

## 为什么体育老师总受褒贬

中国是一个历史悠久的教育大国，但长期受"劳心者治人，劳力者治于人"的儒家文化影响，传统教育中没有体育，当然就更谈不上体育老师。"体育"一词的中文术语来自日本，中国第一代的体育老师是日本兵式体操教官，大多是来自日本的兵痞，他们用的口令也大多是日本话，给社会遗留下了十分恶劣的印象。

中华人民共和国成立后，一些无知的人将歧视对象迁移到了被社会认为是半体力半脑力劳动的体育老师头上。

改革开放后，体育的地位大大提升，然而体育老师的地位不升反降，为什么呢？是因为片面追求升学率的社会现象和与之相适应的升学制度，迎合了家长心理。也因为中国在迈入现代化进程中，逐渐降低了体力劳动的某些价值。于是人们的身体、健康再度被忽视，以致体育老师的职业成为一种社会的牺牲品。而这时逐步提升的体育，只是少数精英竞技体育，多数人成为电视机前沙发上的看客。此时，体育课变得可有可无。

当然，体育老师现今的处境也与当下体育师范教育存在的问题有关，从招生到出路，从办学方向到培养过程都有不少可讨论的地方，这些造成了体育老师地位低下的社会现状。这里不一一赘述了。

## 学校体育的一条硬汉——王占春

王占春先生是中国学校体育永远不应忘记的人物,他对创新中国学校体育做出了杰出的贡献,为中国体育史留下了浓墨重彩的一笔。

王占春先生是20世纪50年代从佳木斯调到北京人民教育出版社的,那时他不过是一名年轻的中学体育老师,调来后也是出版社里最年轻的编辑。体育编辑室还有一位老先生叫苏竞存,我对其知晓不多。

20世纪中后期,王占春先生通过编写中小学体育教材、教学大纲整合了体育教育理论,构建了新中国体育课程教材体系;他十分注重体育的实践活动,其教育思想具有极强的实用性,他强调"三基"教学,做到增强学生体质与开展体育道德教育并举。在中国学校体育摆脱苏联教育理论影响后,为创立中国独立的体育理论与实践体系,他付出了巨大的努力。

王占春先生性格倔强,宁折不弯,从不隐晦自己的观点。他声音洪亮,每到他发言,必引起大家高度注意。最近几轮学校体育"改革",有人狂推外国的观点与做法,有人彻底否定中国学校体育的历史经验,有人无视系统体育教学与体育教师的工作,公然在体育课上搞无政府主义。王占春先生的观点就成了他们绕不过去的一块"顽石",于是他们对王占春先生开展了点名批判,不惜进行人身攻击。晚年的王占春先生身体状况极差,心力交瘁,但仍对学校体育的处境难以忘怀,常流露出无奈的心绪。

我与王占春先生有私交,他初来北京时与我家同住在景山东街45号大院里。职工宿舍是工字楼后面的一串原北大理学院的实验室,我家住里院,他家住外院的东厢房,我进出时常能碰见他,我称他"王叔叔"。那时我才是一个初中生,与他在体育上没有任何交集。30多年后,我们再次相逢,有了深度的交流,我很愿意听他直来直去地讲话,钦佩他刚直不阿的人格,赞同他色彩鲜明的观点,服从他与人为善的批评,感谢他循循善诱的提携,尤其被他对体育事业的赤诚与坚守而深深感动。王叔叔如活到今天,也有九十岁了,不知他看到当今中国的学校体育该是怎样的一番感慨?

# 八、体育产业

## 体育产业何以清淡

我最近去了一家著名的运动超市,大约有三年未进去过了,景象大变。超市内的大部分运动器材柜台被裁并了,几处请顾客体验运动效能的区域被撤除了,取而代之的是运动服装与鞋帽。进入了冬季,大量冬棉服充斥着超市,这种运动与日常生活并用的商品挤入体育产业,是一个非常态的信号,值得体育产业专家们留意。

我没有体育产业的大数据,但最近网上流传的几篇关于近期体育产业"只听楼梯响,不见人下来"的文章,证实了我在运动超市的见闻绝非空穴来风。体育产业的本质属性是经济,而不是体育,这是我历来的主张,因为发展体育产业的资本、技术与人才等主要产能来自经济,而不是体育。体育行政部门用纳税人的钱发展产业只能是短期的行为,可以用以启动与示范,长期靠它维持于理于法都行不通。

当前,整体经济下行,消费疲软是经济大环境的实际状态,这必然会波及体育市场。体育市场的主要消费群体是中产以上人群,经过几轮投资"剪羊毛",这一人群开始捂紧钱袋。在教育、医疗、养老、住房四大后顾之忧领域未能得以妥善解决之前,期望排名靠后的体育消费能有较大改善,出现让人意外的"奇点"是不现实的。马拉松的首次投入可能近万元,雪上运动项目是上万元,后续的每次投入都是几千元。白领阶层偶一为之尚可,长此以往显然困难。

发展体育产业是一项长线的、艰苦的工作,因为自古以来中国人没有体育消费的习惯,多数家庭都未把体育消费列入正式的支出计划。培养体育消费人群需要改变整个社会的消费观念,这对一个并不十分富裕的国家来说谈何容易?体育部门、体育系统与体育人对体育产业的发展不是无所作为,而是有许多前提性的工作要做。那就是发展体育运动,让更多的人参与进来,让更多的人懂得体育运动对改善生活方式、提高生活质量的意义,让更多的人理解适度的体育消费对提高体育品质的重要性,让体育消费的常识成为人们体育素养的一部分。

体育产业与体育市场需要靠稳定的消费人群来维系,而稳定的消费人群要靠稳定的社会团体来组织。这是我们一直忽略的问题。如果赛事(包括国际比赛与职业比赛)没有相对稳定的组织工作,每次比赛都是现场张罗,肯定票房难以上去。如果体育活动性企业没有挂靠社团开展经常性的赛事、培训、讲座、公益等工作，不能将固定的人群留存在身边，就只能在一曝十寒中求生存。如果体育超市不能发展会员，不能下功夫经常联络会员，恐怕离倒闭就不远了。

体育产业是朝阳产业、幸福产业，也是年轻人可以用来炫耀的产业，具有很强的从众性与模仿性，也给人娱乐性与奢侈性的印象。与其他产业一样，都会经历几个回合的起伏周折才会走上正轨，所以不必一惊一乍、担惊受怕。我们一定要牢记十几年前保龄球落地中国，辉煌一时，而最终退出市场的教训。还有当年的台球摆满了大街小巷，最终何以走向了高雅？高尔夫球前景何在？2022年北京冬奥会的冰雪产业如何留存？……这些都值得我们冷静思考。

## 体育产业慢在何处

终于看到了一则命题:"体育产业是慢产业。"这个命题是放之四海皆准,还是只适应中国,特别仅适应当今中国?不好说。

中国体育产业习性偏慢是有缘由的,因为起步晚、干扰多、认可程度低。体育产业被叫响时间并不长,短短20多年而已。围绕体育运动的经济行为一直是个禁区。在计划经济年代,被斥为"资本主义体育"。职业体育更被视为洪水猛兽,是传统体育体制的大敌。所以发展体育产业的时空条件、资本条件、体制条件、技术条件都先天不足,自然要有较长时间的磨合。

现在体育产业一下成了"一块肥肉",各方争相下箸。行业大佬,特别是IT行业都想掺和进来,国际资本也认准中国这块市场。然而,体育产业面对的市场规则未能理顺,比如体育的知识产权至今还在倒挂,因此大多数体育企业都没能挣上钱,悻悻退出。一哄而上、一哄而下的乱局也要靠一个"慢"字来仔细调整。

体育服务能否进入家庭消费计划,得到居民普遍认可,也要假以时日。体育产业的消费者队伍培养更费周章,恐怕要等"90后""00后"进入中产阶层才会逐步稳定下来。

## 体育场景与体育产业

在一次关于"场景"的讨论会上，我谈了自己的感受。"场"是一种氛围的营造，一种与进入实质主体状态（如音乐会、剧院、运动场合等）相顺应的气氛氤氲。"景"是直接作用于消费者感官的实物，这些景物的布置，可以将消费者从固有的生活压力下转移出来，成为一种自由态，以进入艺术欣赏、运动操练等新的身心状态。

场景可以提升消费品质，有时甚至超过实质消费本身。如歌星独唱音乐会，现场氛围的价值远高于歌唱。再如足球比赛现场观看时身临其境的感觉是守在电视前看转播无法体会到的。因此，场景是重要的，应该成为体育文化消费的组成部分，应该计入产品价值。

在消费的初级阶段，要求营销商马上就有场景意识不容易，这也往往是区别营销商品位高低的试金石；在消费的中级阶段，则要考验消费者是否接受场景意识，是否愿意将场景纳入自己的消费预算。只有经营者与消费者在场景问题上达成默契，才能进入第三阶段，即全社会认可场景消费，这是某一消费群体文明素养提升的表现与结果。

场景规定出现在体育场合，是体育运动向文学艺术倾斜的结果，是作为副产品的文明在体育情势下得到的认可。大型运动会开幕式、闭幕式的文艺表演，与运动会的竞技成绩无关，但它是必要的场景铺垫，它最能附着文化元素，它所承担的文化教育功能是运动成绩无可比拟的。

体育的场景设计，有之前、之中与之后的三种，也有顺应型与反向型的区别。设计、运用场景需要精确的思考与创造，运用场景提升消费更需要智慧。发展体育产业，这是一个必须顾及的方面。

我在会上还听到几位专家的真知灼见，以及关于在国外参加比赛时体验到了极富人性化的场景，听后更加深了对场景问题重要性的认识。

## "健康猫"究竟是只怎样的"猫"

"健康猫"一案惊醒多少体育人！体育界一直是非法集资与传销的一块未开发领域，因为这个领域的人大多不太富裕。这次可让骗子们得逞了，25万人陷了进去，30亿真金白银灰飞烟灭。

早在两年前，我的一位学生从上海来，谈及正在当地搞得红红火火的那只"健康猫"，我一听就觉得不对劲，判断出是只病猫，叮嘱他千万不要介入，因为它具有传销坐吃下家的特征，早晚会出事。果然后来东窗事发，这场"赌博"将一批教授、博士都卷了进去。还有不少人不惜借高利贷投入，非但血本无归，还欠下了终身难以还清的债务。

体育产业是一个可以期待获得高额回报的行业，但体育产业一定应该是讲诚信、靠诚实劳动才能成就的行业。如果一个项目既没有体育的实地实物，也没有师生互见互动，还不用提供任何体育服务，却能在虚拟空间中看到自己账簿上的收入天天在飞涨，这种违背基本常识的事情居然能让人相信它是真实的？竟然还有权威人物为这群骗子们站台，认为值得推广，不是太匪夷所思了吗？

没人不想多挣钱。我不懂经济学，但生活经验告诉我，挣钱的方式无非五种：一靠体力挣钱，二靠脑力挣钱，这两种方法不能暴富，但过得踏实。三靠自己的钱和不动产挣钱，不费力，但期望值不要太高，增值超过10%就会有风险。四靠他人的钱挣钱，贷款不仅有风险，高利贷还有危险。像我这种不太懂法律、没有专业知识的人，见这种发财诱惑就得却步，否则必然上当。五靠在虚拟空间捞钱，这种途径不是你被骗，就是你"骗"了别人（也许你无意）。你被骗了，你还不知对手是谁。我说的仅限于中国当今现状，以后也许会好很多，希望是这样。

# 九、体育评论

## 体坛又起风云

冥冥中似乎感到今年体坛风云人物的评选会出现危机，因此入秋后工作人员发来邮件征询我是否继续参与评委工作时，我婉拒了。一周前，工作人员追来电话再次征询我是否参与总评委的投票与颁奖仪式时，我还是婉拒了。放下电话，我多了几分担心，想来与我持同样婉拒态度的人不在少数。

昨天晚上得到组委会的正式通知，得知今年的体坛风云人物评选工作延期了。原因是体育部门和运动员太忙，顾不上。看来不是延期，而是中断，而且不止中断一两年。幸好2017年没有大赛，可惜的是，那一年出了好成绩的风云人物被省略了。

在历史上，体坛风云人物评选活动曾在2002年中断过一次，直到2005年才恢复。自2001年这项表彰工作开展以来，我几乎每届都参与，今年我宣布退出，其实是做了思想斗争的。那么，为什么退出呢？因为我感到近年来这项工作发生了一些变化：事先的广告宣传大大缩减，投入的经费明显不足，颁奖会上的文艺演出基本没有了，几年来缺乏创新性变革，年年雷同，整个活动变成了一份有"花边"的全年体育工作总结报告。审美疲劳出现后，收视率会有什么样的变化不得而知。

体育与媒体建立良好的关系，是双方共同利益所在。体育行政部门不应将体育运动经营成一个封闭的小系统。媒体在当代是宣传体育、充分影响社会发展的重要工具。体坛风云人物评选对提升运动员的士气、重塑民众的体育价值观、调整好社会的心理定势有重要的作用，是一次很好的机会，如果放弃是很可惜的。

体育信息在各种媒体中占有很大比例，体育是知识产权的发生者，如不能成为获利者，便会失去积极性。

## 黑洞外的光明世界

这是发生在泰国一个岩洞里拯救一支小足球队的真实故事，整个经过远比新闻报道要惊心动魄。当时考虑到孩子们的身体与心理都难以承受长达320米的潜泳，而且又一场暴雨即将来临，水位还要猛涨，他们的生存空间越来越小，空气质量越来越差，面对"死几个"还是"全都死"的艰难抉择，救援人员选择了让孩子们进入昏迷状态后向外拖运的方法，最终孩子们全部获救。

后来孩子们还受邀观看了世界杯的决赛，成为世界足坛的一段佳话。回顾这一经过，我有几点感悟：

（1）这是一次国际性的救援活动，表现出极高的人道主义精神。为了营救12名不知姓名的小运动员和一位业余教练，全球百余名不同国籍（包括中国）、不同身份、不同职业的救援人员组成了一支承担"世界命运共同体"的队伍，这是一个了不起的壮举。

（2）这是一个高度专业化的救援过程。这次主动奔来救援的人员都有很高的专业水平，无论专业知识，还是专业技术都是一流的，他们提出了多种方案，作出了及时且正确的决策。这是保证抢救成功的主要原因。

（3）此次事件再次让人看到了体育运动的重要性。在长达十余天的黑洞生活里，这些孩子始终保持了良好的、乐观的心态，友爱、相互支撑，也保留了一定的体力，这为成功救援提供了先决条件。这是他们短暂的足球生涯给他们的馈赠。这也提醒我们，在孩子成长过程中要做好身体与心理的各种准备，特别是直面灾难、应对挫折能力的提升。在各种准备中，体育运动是最有价值的，最富有乐趣的，也是孩子们最愿意接受的。很遗憾，当今中国的学校体育与家庭教育还没正视体育在这方面的作用。

## 一个人的篮球队

好久没有因为体育事件落泪了，但我这次未能忍住。其实，这也不完全是一个体育事件，准确地说，这是一个关乎人性的故事。

故事的起点要遥远一些，但引起社会关注时已在一场球赛上，一场古今中外罕见的篮球赛上。一方是中国职业女篮（WCBA）全明星队，另一方是一支混合队，仅5个人，有男有女，年龄参差不齐。

这5人在场上自报姓名后，都加了一句话：

"我是叶沙，叶沙的肺。"

"我是叶沙，叶沙的肾。"

"我是叶沙，叶沙的右眼。"

"我是叶沙，叶沙的肝。"

"我是叶沙，叶沙的左眼。"

那么，叶沙是谁？他做了什么？

叶沙是一位年仅16岁的少年。一天，他突然颅内出血，抢救无效，去世了。他的父母强忍丧子的悲痛，接受了器官移植管理人员的劝导，将叶沙的7个器官移植给了几个高危病人。这几位病人康复后，为了实现叶沙生前参加职业篮球比赛的遗愿，组成了一支篮球队，于是便有了本文开头球赛开局时的一幕。

故事继续延伸。这些受到器官捐赠的病友也加入了器官捐赠者队伍，成为志愿者。这个故事深度发酵后，全国登记器官捐赠的人员增加2万多例。

球赛开始时，全场观众起立向这支非凡的队伍致敬，中国篮球协会主席姚明带头起立向他们行注目礼。这是一场闪耀人性光辉的篮球赛，是一场向人道主义精神顶礼膜拜的比赛，这是一场让生命接力、与命运握手言欢的竞赛。这道光芒出现在体育场合实在太耀眼了，也太发人深省了。

## 丁俊晖这个动作漂亮

　　丁俊晖忽然直起腰，收起杆，停止了击打的动作，退回到座位上，并向裁判说明自己犯规了，因为杆稍已经触及了白球，自甘受罚。这个触球的动作细微到近在咫尺的裁判都未能觉察，更不要说看台上的观众了。但隐瞒这一动作触及了自己的良知，冒犯了自己的修养，违背了自己对体育精神的理解。于是丁俊晖作出了这一抉择。他的这一抉择换回观众长时间的掌声，说明多数人并不以为他"傻"，而是赞许他的诚实。也许运动员伟大与否，就在这小小的差别上。

　　竞技体育是追求功利的，是锱铢必较的。为了保证公平性，真恨不得所有项目的场地设施都要安上监控，装上鹰眼。运动员在场上也常常为了一分、一球拼尽全力。一个运动员成绩的提高，一个运动项目竞技水平的增长，一个国家体育实力的提升，要从这些看似细枝末节的事情抓起。这就是体育文化，是无用之用，似看不见摸不着，而恰恰就是体育大国、强国与小国、弱国的区别。

　　看完丁俊晖的这段视频，我有一种"遥远"的感觉。当今我们生活在一个与诚信并不亲近的环境里，碰瓷霸座、背弃承诺、携款出逃、人去楼空、电信诈骗等数不尽的不讲诚信行为污染着社会空气。

　　诚信是契约精神的内涵，诚信是一种信念，是一种发自内心深处的自觉。这种信念与自觉，是基于一种认同：整体的、最终的成功必定高于局部与个人的成功。因此，诚信是一种自甘对困难、损失与失败的承受。而没有信念的支持，诚信常常会漂移。诚信丧失，财富必然流向罪恶，市场经济必然毁于一旦。

　　感谢丁俊晖，感谢体育运动，给我们留下了一个关于诚信的难得的样本。希望这个视频，家长能让孩子看看，老师能让学生看看，教练能让运动员看看，老板能让员工看看。

## 热战场的冷观战

盛夏，高温炽热，比天气更热更火爆的是国际赛事。鏖战多日的女排世界联赛与女足世界杯将进入收官战局，温网正在升温，韩国乒乓球公开赛即将落幕，那不勒斯世界大学生运动会正在如火如荼地进行着……各种各样的前哨战、练兵战、火力侦察战拉开了备战奥运会的序幕。打开电视机，几乎 24 小时都有比赛直播或体育新闻滚动播出。

女排、女足均以美国队夺冠告终。可以看出，美国女运动员的基础身体训练是获胜关键之一。她们强健的体格，超群的速度、力量与协调形成了赛场优势。良好的身体条件不仅在长时间、高强度的竞赛中保持了不懈的战斗力，也让运动员有较高的技战术领悟，更使一些"大龄"运动员延长了运动寿命，得以在大赛中对球队起主要作用。

中国女排在总决赛中出人意料地将主力阵容换下，清一色的二线队员上阵，承让了冠亚军，获得季军。这个结果对于二线队伍来说已是不俗的表现了。

三大球类运动项目都有一个持续发展的难题：辉煌之后的青黄不接会造成一个大起大落的"陷阱"。中国女排五连冠后的 15 年沉寂就是这一"陷阱"的典型表现。美国男篮用 NBA 的办法很好地解决了这一问题。"郎平们"试图用"大国家队"的梯队办法让更多后备运动员及早进入世界开放的竞赛环境，而不拘泥于一城一池的得失，这是明智的举措。

放手让小姑娘们上场，让她们早早担当起国家责任，需要魄力与胆量。她们也确实没辜负大家的期望，出色地完成了比赛。

还记得，姚明率领中国男篮到拉斯维加斯去参加美国联赛，这让我心头为之一震：这需要何等勇气！让球队（没有外援的纯中国队）去领教一下世界一流球队的风采，去承受一下连续大比分失败的苦楚，去一场一场积累教训，这是苦难的洗礼，是蜕变前的阵痛。可以相信中国男篮今后必有一次脱胎换骨的飞跃。

## 我要为孙杨说几句话

我与孙杨从未打过交道，只是通过媒体认识他，从别人对他的评论中听到了分歧，听到了关于他的不同声音。他是一个成绩优异的有国际水准的运动员，但运动历程有点磕磕绊绊，有点像短道速滑运动员王濛。

孙杨是一个很努力的运动员。我看过湖南卫视拍的综艺节目《真正男子汉》，其中记录了一批演员、运动员在军营中锻炼的经过。那是很残酷的特种兵训练，孙杨在其中是很有担当的一个。他出色的运动成绩也一定是经过顽强训练才能取得的。对于这样一个优秀的运动员，不要过分苛责。

有人用姚明作为尺度来衡量孙杨，未必有可比性。姚明是我的好朋友，他的智慧、幽默、组织管理能力、语言反应能力都是超过常人的。而孙杨越想板着面孔去说严肃的话越会变得很不自在。不如放松下来，回到自我，也许这样会好很多。相信孙杨会逐渐成熟起来的。

我们应该尽力保护好自己国家的运动员，运动员也是人，是人就会有这样那样的缺点，这很正常。但是对因一起之举就将其全盘否定就有失常理。

## 也谈"159"

人类赋予体育运动两项光辉的哲学任务：一是探索自我身体的可能性；一是寻求自我身体的必要性。社会在进步，人类的生活在不断演变，人类的身体也必须与之相适应。如果仔细分辨的话，当代人的时间概念、空间概念、生活节奏、生活压力、生活技能、时空协调、心理负荷等许多方面都与一千年前、一百年前大不相同，于是学校体育与大众体育就要承担起这个任务，为一代代"现代人"身体准备必要的条件。当代由于体力劳动与生活中的体力消耗明显减少，因此产生了全球性的严重健康危机，更需要求助体育来参与解决。

攀登运动技术高峰，其顶点就是人类体能与运动技术的极限。这是人类为自己设定的一个谜。几乎每个运动项目都有自己的谜面，当然以田径运动最引人注目。2019年10月12日，在奥地利维也纳的普特拉公园举行了一场别开生面的马拉松比赛。这是精心计划的赛事，主角是肯尼亚运动员、马拉松世界最好成绩保持者基普乔格，他被选来作为马拉松"2小时束缚"魔咒的打破者。这天的天时（气温7℃～14℃，湿度80%以下）、地利（海拔适宜）、人和都到了极致。基普乔格人品卓然，训练刻苦，成绩稳定。41名配速领跑员也都是优秀运动员，他们的任务一是屏蔽掉85%的风阻，二是为基普乔格提供最适宜的跑速。由多个学科专家组成的科研保障团队，不仅始终用激光在地面跑道上划出基准线，也推算出基普乔格完美能量摄入情况。于是，基普乔格不负众望，以1小时59分40秒（也就是外界说的"159"）跑完全程。这个可以称之为一个人与41个人之间的竞赛，他们是对手，更是朋友。而严格讲这是一个实验，一个用马拉松的距离考验人类耐力与速度极限的伟大实验。这场实验一定会产生生理、心理、生化等指标的实验结果，我们期待将来能读到，因为会很惊人、很有趣。

仅从体育运动的角度，我认为可以得出这样几点看法。

（1）运动员的心理因素对提高成绩有重要价值。领跑的心理作用非常重要，它对增强运动员自信、克服生理惰性有意想不到的意义。

（2）人类在中长跑、超长跑运动领域中的多个项目与达到的极限之间尚有一定的空间，证明对这类运动代谢规律、疲劳恢复规律、营养补充手段等的研究有待进一步探索。

（3）遍布全球的马拉松比赛组织管理还不够精细，无论与世界杯的100

米飞人比赛相比，还是与本次实验相比，都有可改进之处。

（4）有人认为，这次靠人为制造出来的"159"成绩，在正常赛场上要到 2075 年才能实现。到 21 世纪 70 年代人类的身体会发生哪些变化？而到那时的马拉松比赛将呈现哪些特征？这些都值得我们思索。

## 球场社会关系面面观

  一个已经形成良好传统的赛事就是一个小社会。这个小社会是暂时存在于世的，始于开场哨声，了于终场鸣笛。

  观众之间形成的社会关系某种程度上也很牢固。球场的座椅大多不如剧场、音乐厅、电影院舒适，露天看台的长凳连扶手都没有，却使观众之间间距更小，彼此十分亲密。当观众所支持的球队一致时，心理距离顿时缩短，同呐喊、同歌唱、同挥舞、同起立、同掩面叹息，最终大家融于一体、不分彼此。这种具有文化价值的小型集体绝不可小觑，它可以形成社会精神，增强城市的凝聚力。当然，它也可以使两个陌生家庭结成友谊，就此常来常往。

  球迷与球星之间的关系是最值得研究的人际关系。球迷，对球星的欣赏、追逐，乃至崇拜是这一关系的主动方。球迷们拿着一张昂贵的球票进入体育场馆，有时只为了目睹一下心仪的球星，将球星瞬间的一个动作记在脑海，一脚射门、一次扣篮、一记挥棒可能被永远定格下来。球迷希望球星知道并回应自己付出的狂热，这也是他们必须到现场观看而不满足于电视镜头的原因。

  球星从球迷身上得到的支持是他们求得发展、追求完美的动力。没有球迷支持的球队，没有球迷追捧的球星是孤独的。

  球场上还有许多种人际关系，如裁判与球员、教练与球员、志愿者与观众等，这里就不一一赘述了。至于藏在背后的商家，他们树立在球场上的广告可能使观众喜爱也可能让他们极其反感，其实这也是一种值得说道的隐形"社会关系"。

## 奥林匹克与病毒的博弈

小到不借助电子显微镜肉眼都看不见的病毒，让大到全球无人不晓的奥林匹克低下了骄傲的头颅。

NBA 停了，欧冠罢了，联赛断了，一项项锦标赛歇了……

唯有奥林匹克一直在挣扎，苦苦地坚持，殷殷地期待，为了它千年长存的荣誉，为了它的百年不改的规矩，为了它残留于心的绅士风度，为了它不甘熄灭的圣火，当然也不得不为了它已经大把投入的心智、热情与金银。

然而，还是敌不过天平另一端生命的价值。没有一次意外突变发生，也没有一剂灵丹妙药可起死回生。毕竟病毒太凶险，为之却步与退让，不能解释为懦弱、卑怯与无能。人类百万年进化过程中的每一次避险都会赢得更多的经验与适应，以及更巨大的文化认同与进步。

奥林匹克运动会终究要回来，体育运动终究会重回人间。因为体育是生命组成中最华丽的部分，它是积极的、明朗的、青春的，它与一切黑暗势力是决绝的，它与所有病毒、病菌、瘟疫、伤残势不两立。体育运动的再度繁荣必将成为这场邪恶病毒退潮的标志。当奥林匹克大幕重启时，舞台上展现的必将是全人类团结一心共同抗敌的胜利景象。

# 第二部分　书序

# 李习友等《21世纪中国学校体育发展研究》序

学校体育改革实在是一个沉重的话题。之所以说它沉重，是因为在长达20年的时间里，那么多的实践工作者、理论工作者和管理工作者写了那么多的论文、专著和调查报告，开了那么多的研讨会、报告会和现场会，各种各样的体育教育改革思想流派汹涌如潮，层出不穷，然而学校体育依然故我，在总体上仍然难以令人满意。学生的健康体质状况已经成了全社会忧虑的话题，体育场地器材经费匮乏的问题旷日持久，体育教师流失的现实更是老生常谈。体育教学在许多地方还是几十年前那副老面孔，公开课、观摩教学那几朵美丽的花依然开放着，可把玩，可陶醉，但不能入药。

学校体育肩负着繁重的任务，之所以说它繁重，是因为几乎每一种教育学、体育学，甚至医学、心理学、社会学的新观点、新思潮，都要渗透进来，然后在学校体育的任务中有所反映。而当今中国经济和社会发展的每一个变革，也都要在学校体育中找到对应的生长点。于是我们经常可以看到类似"初级阶段的中国学校体育""市场经济与学校体育""学校体育与可持续发展"之类的重头文章问世，惶惶然却不知所云。

学校体育的处境实在为难，之所以说它为难，是因为生存在应试教育和选手体育夹缝中的学校体育，左右不得逢源。素质教育应该为学校体育打开一个舒展筋骨的天地，然而令人担心的是把素质（包括身体素质）也纳入考试的范畴里去，将会是一种多么奇特的教育形态，因为在"学历社会"，考试永远是一抓就灵的捷径。竞技体育本应该和学校体育是孪生兄弟，但在现时的中国，却反目为仇。竞技体育对学校体育的稳重敬而远之，学校体育对竞技体育的张扬退避三舍，甚至相互之间还常攻讦埋怨，于是油与水不得相融。

正是在这样的环境和气氛中，由"21世纪中国学校体育发展研究组"组织的一批学校体育的研究课题，以一种新的观念和气魄，提出了一系列新的构思和做法。经过众人不懈的努力，今天终于将这些议论结集成册出版，实在可喜可贺。在当前的经济大潮中，这一大群来自基层的体育工作者，兢兢业业地做实验调查，脚踏实地地写出了洋洋 30 万言的书稿，实在令人敬佩。主编李习友等几位先生承担了细致繁复的编辑工作，将这样一部好书奉献给我们，想到南京的天气已经如火炉一般，而他们在挥汗如雨中笔耕不辍，让人格外地添了几分敬意和谢意。

愿这部书能尽快地面世，展现出它的学术价值和社会价值！

是为序。

卢元镇

1998 年 6 月于北京容笑斋

# 陈青《西北民族体育文化》序

陈青先生是我的忘年之交，我比他虚长了一截。陈青是个体育科研的有心人，涉猎的范围甚广，武术文化是他的出山之道，全民健身是他的硕士论文选题方向，学校体育是他的本职工作，体育管理是他任行政职务之后的职业研究，因之他的著述颇丰，学术成就令人刮目相看。近日，他突然向我发来《西北民族体育文化》的书稿，嘱我作序，再次让我感到欣喜和意外。我孤陋寡闻，对民族体育不敢妄言，对西北地区的认识更是浮光掠影。虽去过西北几个地方，但大多走马观花，要写好一篇书序非常犯难。得知书稿已进编辑部，只好诚惶诚恐地提起笔来发一番议论。

中国的西北地区，包含着举世闻名的"丝绸之路"的中国段，如果说东方文明和西方文明是一个哑铃的两端，那么丝绸之路就是中间的把柄。诚如季羡林先生所言，文化交流是推动历史进步的动力，那么丝绸之路就是同时撬动东西方文化发展的一支杠杆，为世界文化的两极沟通、融合做出了巨大的贡献。丝绸之路也因此得益，在它的两侧广袤的西北大地形成了一个来自各种地区的多元文化丛体，其政治、经济、宗教、文化、教育、民俗，以至建筑、音乐、舞蹈、体育都极富特色。如果不是因为自然条件严重恶化，西北地区本应发展成为世界文化的一片圣地。然而，历史毕竟给西北地区留下了一笔遗产，其中包括虎虎有生气的体育文化。

西部大开发正在紧锣密鼓地推进，人们寄希望于西部经济的复苏，也确实在经济建设方面给予了极大的关注和投入，对于长期生活在贫困线上的人们而言，这无疑是雪中送炭。然而，西部的开发如忽视了文化复兴和文化建设，那么这种开发注定是浅薄的，甚至是不可能持久的，聪敏的西北人是深知这个道理的。陈青先生的《西北民族体育文化》大约就是在这样的一个背景下问世的。

该书不仅记录了西北各民族体育文化的概况，具有很强的资料性质，而且阐述了西北各民族体育文化历史进程、发展过程及未来趋势等文化表象和特质,对研究该地区的体育文化及其体育文化交流和演进无疑是一份很有价值的材料。

我曾撰文提倡复兴东方体育文化,并将东方体育文化与奥林匹克并列于世;我还主张开办"东方运动会",与奥运会平起平坐。那么,无论是研究东方体育文化,还是将它转为实际行动,底蕴深厚的西北地区民族体育文化无疑是必修的第一课。从这个意义上讲,陈青先生是我的观点的支持者,并以《西北民族体育文化》一书为这"第一课"提供了一本极为珍贵的教材。

为此,当然要感谢陈青先生和他的合作者们。

是为序。

卢元镇

2005年深秋于广州容笑斋

# 朱宙炜、张胜利《体育传播学导论》序

体育作为人类文化的一部分，必然要具备广义文化交流的性质。于是在这个世界上，体育文化的传播、流行、变异、选择、冲突、交融时时处处发生着。其中，传播的重要性不言而喻。没有传播无以流行，传播失真就发生变异，多种传播方式就要面临选择，异质体之间的传播就可能出现冲突，而传播最终则要达成文化的融合。因此，可以说传播是体育文化赖以生存的一种生命力，它不仅可以扩大体育文化的范围和影响，也可以提高其品位和质地。

现代体育需要传播工具，而现代传播少不了体育内容。过去常说的"体育离不开宣传，宣传离不开体育"，似乎都是想说明二者之间的一种依赖关系，然而，传播与宣传并不能完全等同。在英语中"宣传"一词可以译作" propaganda"" promote"或" publicize"。" promote"含有"用广告手段做商品推销"的意思，" publicize"含有"吸引公共注意力"的意思，而" propaganda"在西方有"传播教旨和思想体系"的含义。在中国"宣传"一词则反其意而用之，包含了更强烈的意识形态含义，有"灌输"某种思想和道德观念的功能。而现代传播是建立在信息论基础上的，强调信息共享、信息交流的互动过程、社会信息系统的运行、体现社会关系和有目的地向社会或人群施加影响等。它们之间更重要的区别还在于，传播终于发展成为一种学科，有了它特定的研究对象、学科范畴、概念体系和研究方法。20世纪后半期，现代体育发展出一种学问，称之为"体育科学"，现代传播也上升出自己的理论，称之为"传播学"，二者结合起来，就形成了一门特殊的学科"体育传播学"。体育传播工作不仅走过了自己的历史进程，积累了丰富的知识和经验，而且造就了一支职业队伍，应运而生的《体育传播学》与体育传播工作相辅相成，在实践和理论两方面推动了体育与传播的双向进程。

体育传播学理论正在向研究的深度和广度扩展。研究的热点集中在两个方面：第一，体育全球化和信息传播全球化，及其带来的挑战与对策。无数事实证明，体育新闻信息传播的全球化和经济全球化一样，已经是一个不可逆转的发展趋势，北京承办奥运会中的体育国际传播让我们对这一点有了更深刻的体会；第二，21世纪中国体育传播的国际形象构建的研究。

中国体育的国际形象，实际上是国际体育传播中的"中国国家形象"。中国体育的发展是塑造中国体育正面国际形象的基础。国际体育传媒可以成为中国形象进入国际体育社会的重要渠道。以这样一个开放的角度来理解中国体育传媒的价值，它的重要性怎样估计也不会过分。

中国对体育传播学的研究才刚刚起步，体育传播学的高等教育更是落后。朱宙炜、张胜利二位先生所著的《体育传播学导论》教材，引进了国外体育传播学的材料，吸收了国内传播学研究的成果，是继上海体育学院任广耀教授主编的《体育传播学》之后的又一本值得称道的教材。这部教材的问世将对中国的体育传播事业的发展、相关人才的培养起到积极的作用，我们正是这样期待着。

卢元镇

2006年8月于北京容笑斋

# 宋子重《中国老年体育》序

在现代社会生活中,"老年体育"是一面旗帜。这不仅是因为每一个人最终都要到这面旗下报到,而且全世界发达国家和部分发展中国家都在迅速进入老年社会,老年人的数量在总人口中的比例越来越高。近年来,我国进入老年社会的速度更是惊人,根据2000年第五次全国人口普查结果和2002年的老年人口抽样调查结果,我国60岁及以上人口已占到我国总人口的10.64%,而65岁及以上人口已占总人口的7.3%,中国已进入老龄化社会,并逐渐向高龄化发展。同时,中国也正在步入长寿国家的行列,目前全国大约有1万个多百岁老人,每百万人口中平均有8.9个百岁老人。

然而,活得长更要活得好。中国老年人的生活质量和生命质量的问题令人忧虑。首先,我国老年人的平均带病期较长,城市男性为12.25年,占以后寿命的75.2%;女性为15.11年,占以后寿命的78.5%。农村男性为9年,占以后寿命的57.1%;女性为1.46年,占以后寿命的62.4%。也就是说,我国老年人60岁以后的寿命中有3/4的时间生活都在带有慢性疾病的状况中。而且,女性老年人以后寿命中的带病期较男性长,所占以后寿命的比重也较大。存活的高龄老人寿命多伴随着多种慢性疾病。其次,中国老年人自评的平均预期心理健康期较老年人的身体健康期相对要短些。城市男性为4.67年,占以后寿命的28.6%;女性为4.04年,占以后寿命的21.0%。农村男性为4.22年,占以后寿命的26.8%,女性为3.77年,占以后寿命的20.5%。这也就是说,在中国老年人的以后寿命中,只有1/4至1/5的时间处于心理健康状态。最后,中国60岁老年人的预期伤残期,男性为3.78年,占以后寿命的23.6%;女性为5.12年,占以后寿命的27.2%。即中国老年人的以后寿命中平均有1/4左右的时间处于机能受损的状态。

中国老年人的伤残主要由视力残、听力残和复合残组成。这三者占总残疾的86%～90%，肢体残、智力残和精神残也占有一定比重。因此，城乡老年人在伤残期约有一半时间不能自理。总体而言，我国老年人的生活自理能力远远低于西方工业发达国家的同龄老年人。

应该看到，我国人口老龄化是在经济尚不发达的条件下发生的，是在缺乏社会养老保障的条件下到来的。目前，越来越突出的老龄化问题加大了我们应对人口老龄化的难度。因此，老龄化问题被认为是继环境资源问题后，21世纪中国面临的最为严重的社会问题之一。提高老年人的生命质量和生活质量已经成为全社会关心的社会问题。

由于中国老年人人口数量大、平均寿命长、健康余年短、疾病余年长、医疗费用难以承受等状况，老年人对体育的自我重视程度越来越高，社会对老年人的这种最廉价且有效的健康维护系统也给予了较高的重视。随着中国老年人口的数量日益增加，老年人体育已经成为与社会保障、家庭赡养、福利、保健、医疗、文化娱乐、继续教育等一起构成了中国老年社会机制的组成部分，并且发挥越来越重要的社会作用。

老年人是社会最宝贵的财富，他们用生命和时间积累下来的经验和教训是一个国家和社会得以健康发展的重要因素，尊重老年人就是保护自己国家的历史，就是捍卫自己民族的生存价值。从这个意义上来看待老年人体育，我们予以怎样的投入都不为过。改革开放以来，我国老年人体育得到了长足的进步，成为我国社会体育中最稳定、最深厚的一支力量，从某种意义上讲，老年体育带动了中国社会体育的发展，这可能是中国体育区别于许多国家体育的一个重要特征。

社会需要发展，需要创新。同样，老年体育也需要发展，需要创新，需要理论支持，需要一批从事老年体育工作的有心人进行研究和总结。宋子重先生是老年体育的实践者、组织者，多年来活跃在老年体育工作第一线，他编写的《中国老年体育》一书，用丰富的理论知识和实践经验为中国老年体育提供了新的认识、新的观念和新的方法。这本书通俗易懂，可读性强，可供老年体育的组织工作者参用，也可供老年体育参与者阅读。

四年前，当我从居委会领到第一张"老年人优待证"的时候，还有些惶然。一向不服老的我不得不承认自己的"老"受到了法律的保护。今天读到宋先生主编的这本书倍感亲切，感到了一种关怀，一种来自同龄人发自内心的爱。因此我要深深地感谢宋先生和他的合作者们,感谢这本书带给我的知识和乐趣。

是为序。

卢元镇

2006年盛夏于北京容笑斋

# 胡小明《体育休闲论》序

2006年的夏天是一个酷暑，我躲在北京的斗室里，开足空调做课题。电视里不断传来四川、重庆高温少雨、河流干涸、农田龟裂的消息，实在为回成都避暑养病的小明先生捏了一把汗。忽一日，小明先生来电话嘱我为其新作写一段序。我听后惊异万分，敬意顿生。这哪里像是大病初愈者的作为，写出一本书即便是正常情况也要舍掉几斤肉、剥掉一层皮才行，何况是在这样燥热难耐的天气里。

小明先生是我十分敬重的一位奇人。40年前他吃过一枪，至今颈中还留存着一颗子弹头，这既是"文化大革命"腥风血雨的见证，亦足见他孩提时代的顽皮与无畏。小明先生为人厚道，与人为善，事事谦和忍让。在成都体院工作时，经常遭到在他带领下的一群青年的"勒索"，工资还没有数清，稿费还没有到手，已经成了他们围坐的一桌桌川菜和一壶壶琼浆，日久天长搞得小明先生捉襟见肘，但他仍乐此不疲。在广州我与他同居一楼，经常得到他们夫妇的照料，即使到他病重时也还时时想到我，让我心生感动。

小明先生身世坎坷，其父胡晓风是位老革命，又是一位著名的理论家和教育家。耳濡目染造就了小明先生达练豪爽的性情、文武兼备的特长。初识胡小明是因他写的《体育美学》一书，这应该是他在"文革"后修炼文学的"副产品"。然而，进入市场经济时代，曲高和寡的体育美学陷入了困境，真正的研究者凤毛麟角，小明先生开始转向体育史的研究，但是他是一个不甘寂寞、厌倦故纸堆的人，喜欢历险猎奇，即把精力转向体育人类学的研究，其实与其说是"转向"，不如说是从地下走向公开。

长期以来，小明先生一直在中国的西南、西北少数民族集聚地区做野外考察，积累了大量的人类学素材，包括文字、图片和实物，他的足迹遍及西部各省区，他常常肩背行囊徒步行走，在荒无人烟的地方遭遇危险是家常便饭，甚至有时几天粒米不进。可以说他的这些经历不仅在中国学界是少见的，即使在各国体育界也少有耳闻。因此，他被推为体育人类学的领军人物是当之无愧的。我一直渴望他能将其这一鲜活的考察研究，连同那些珍贵的图片形诸笔墨，奉献给社会。最近，他写了一篇关于彝族的文章，十分精彩，极富感情，我在给他的复信中说，只有像他这样亲历过那种生活，又有丰富人类学知识的人才写得出来。

近年来，小明先生突然对基础理论大感兴趣，写了一系列哲学蕴意很深的文章，试图用人文价值观念诠释新时代的体育。小明先生开始大声疾呼休闲时代体育的转型，谁知他的这一超前认识竟多次遭到来自左右双方的"围剿"，默默承受了一些相当暴力的抨击文字。然而，运动休闲终于在中国破土而出，成为一股不可抗拒的时代潮流。小明先生的这部书，就是他的理论总结。

破解小明先生半生的学术长链是十分有趣的，这条长链不仅紧随他的特殊经历，而且也蕴涵着学术的自身逻辑。德国著名诗人席勒的一段话恰恰可以为这条从审美出发、善待人性、关怀民族、落脚休闲的学术长链做出注释，他在《审美与人的自由》中说，"只有在这种审美之游戏中，人才能由'断片'变成完整的人，由分裂走向统一的人，完整而统一的人就是自由的人"。他在《审美书简》中进而说，"当人们只为了美而游戏，并且在游戏中创造出自由的形式，这样的游戏才是高级的，通过审美的创造冲动给人卸去了一切关系的枷锁，使人摆脱了一切成为强制的东西"。

最近，小明先生告诉我，他又准备回归体育美学，提升中国体育美学的研究水平。他发过一篇《走出困境的体育美学》的文章，很有火气和底气，可以说，他又螺旋上升到了他起步的原点。同时，他又写了一篇关于我国体育制度创新的长文，写得尖锐而又恳切，再次让我感到了他生命力、创造力、战斗力的旺盛。

中国体育的学界像胡小明先生这样纯粹的学者不多，能与小明先生同行，不能不说是一大快事。能为他的书作序，自然多了以上这些感慨。

卢元镇

2006年冬至夜于广州容笑斋

# 朱家新《新时期农村体育发展理论与实证研究》序

农村体育是中国体育发展的一个关键问题。中国农村人口实在太多了，中国的多数人口至今还是居住在农村，即使中国的城市化达到了一个较高的水平，仍然会有六、七亿农民居住在农村。因此，农民及其子女的健康问题不解决，当代中国人民的健康水平就难以整体提高；他们的体质问题不能得到真正意义的增强，中华民族的体质在未来较长的时间里就不能摆脱困顿的局面。

当今，农村的健康安全问题已经威胁到整个国家的经济与社会发展。农民因病致贫、因病返贫的问题已经十分严重了，农村文化生活极其贫乏。从文化的意义而言，也需要体育参与进来改变农村面貌。

然而，农村体育也是一个无奈的问题，这里有农村自身的原因，也有体育发展的原因。农村穷，农民苦，从经济上制约了农村体育的发展。党中央、国务院采取了一系列措施，如减免税赋，免除义务教育阶段学生学费等，但"三农问题"的解决尚需时日，何况在多数没有解决温饱地区的农村还不能把体育真正提到议事日程上来。

在中国的二元社会结构里，体育价值观是遵从城市需要的。竞技体育既不能从农村选拔精英，为金牌战略服务，也不能在农村发展体育产业，获取经济利益。有人认为，当今中国的体育不需要农村，甚至视农村为体育发展的包袱。然而当一半以上的人口处在体育发展的视野之外时，我们还自我陶醉于"体育大国""体育强国"的美称，这不是自欺欺人吗？

但是，农村体育是一个必须要解决的社会问题。这里没有更多的难以解决的理论问题，只要从心底里真正认可"以人为本"，现实生活中的七、八亿农民就是本中之本。长期以来，一直有学者在摸索解决农村体育的途径，体育先进县评选、发展小城镇体育等活动曾推动了农村体育的发展，但这毕竟是在广大村落的外围打圈子。党中央提出了建设社会主义新农村的构想，把三农问题的解决一竿子插到了基层农村，插到了农户。"农民健身工程"随之切入，送去了资金、器材，兴修的体育场地，初步解决了农村体育的物质条件问题。然而，农村体育的组织管理，农民体育思想的形成，以及体育价值观的建立，还需要做更加细致的工作。

福建莆田学院的朱家新先生不辞辛苦地在福建省农村做了广泛的调查工作，为农村体育的改革与发展提供了第一手的材料。以小见大，我们也可以从该书中提取资料，为全国农村体育政策的制定，农民健身工程的进一步推进，寻求到一些有益的启示。

是为序。

卢元镇

2007年暑假于北京容笑斋

# 周传志《当代中国体育的科学发展观研究》序

体育要走科学发展的道路，建立科学发展观。这似乎是一句不必讨论的话。但是历史和现实并非如此。

所谓科学发展，就是尊重事物发展的客观规律，努力按照客观规律行事，这是马克思主义的基本原则。但说来容易，做到就十分困难了。一是我们的认识能力的局限，不能全面地、整体地、历史地、深刻地认清体育的客观规律。二是我们所从事的体育活动，是一种社会性很强的工作，本身带有很强的主观性，甚至带有组织者、管理者、参与者自身的经验和教训。这些经验和教训往往附有很浓重的个人因素，他的人生经历、过往得失和他人评价都会反映在处理实际工作的过程中，而如果再夹杂进个人和部门的局部利益，就更难把事情办得客观、科学。比如党中央提出的科学发展观所针对的那些"形象工程""样板工程""GDP 工程"，都不同程度地违背了科学精神。凡是与科学发展道路背道而驰的都是不可取的，因为它是以牺牲整体利益、长远利益和多数人的利益作为代价的。回顾中国体育近 60 年的发展历程，这种事情不是没有发生过，而且有些至今还在发生。

体育的科学发展观在体育文化的不同层面上遭遇的处境是不同的。一般情况下，在体育的器物层面上最容易接受科学技术的影响而发生转变。为了具体地解决体育实践中某一个或几个实际问题，为了提高运动成绩、锻炼效果和教学质量，人们很容易甚至迫不及待地接受科学的熏陶和影响，并很快将之转化为实用价值。然而到了体制层面，人们就不那么痛快干脆了。因为任何一种体制都具有一定的惯性和惰性，对它进行科学的变革十分困难，甚至会遭遇强烈的抵制。这也就是中国体育改革长期迟滞的一个重要原因。到了核心的观念层面，体育文化与科学的碰撞更加激烈。中国传统文化本质是伦理的、非科学的。让它接受代表世界先进体育文化的种种观念，谈何容易？这绝非一日两日、一年两年之功。

体育的科学发展观的落实需要适宜的土壤与环境。首先，必须建立一个良好的系统构架。这个构架分为两个层次：一个是体育系统的较低层次，即体育系统中具体的教学、训练、锻炼等活动部分；另一个层次为体育系统结构的较高层次，即它的客观调节部分，它包括体育系统中的管理和组织部门。在正常的情况下，二者之间应该处于和谐的状态，但往往会脱节或发生冲突。其次，必须要有相应政策上的保证，这种政策上的保证主要表现在两个方面。其一，体育自身的政策必须能对因科学介入导致的体育系统结构功能的重组做出积极的反应。也就是不断要为适应科学发展观做出改革与调整。其二，代表政治系统的国家与政府必须从体育系统的外部制定出相应的政策，为引导体育系统功能与结构调整找到重点和正确的方向，这种自上而下的政策调整可以加快体育系统做出相应反馈的步伐。必须指出的是，宏观政治系统参与科学与体育的社会互动，仅仅只能从外部通过政策来加以引导。如果直接干预体育系统的内部结构和具体事务，只会适得其反，既会降低科学系统与体育系统对话的效率，也可能会给体育系统的功能与结构带来灾难性的后果。

有鉴于此，体育决策的科学化和民主化就有了十分重要的意义，因为这关系到科学发展观最终是否可以得到落实。凡是不科学、不民主的决策，一定会导致严重的问题；凡是科学、但不民主的决策，便难以得到多数人的认可，而形成共同的行动；凡是不科学、似乎民主的决策，带来的损失更为惨重；只有既是科学、又民主的决策，才能真正成为推动社会进步的动力。体育的科学发展观重在落实，这是民众的期待，也是周传志完成博士论文的初衷。这个鸿篇巨制能为中国体育发展的一泓池水投下一块石头并形成几多涟漪就很不错了。

周传志博士为人谦和，谈吐文雅，文如其人，面面俱到，不温不火。我很羡慕这种文风，但自己做不到，往往会说些出格的急话，包括这篇短序。

卢元镇<br>2007年暑假于北京容笑斋

# 王岗《中国武术文化要义》序

但凡冠之以"博大精深"的事物，都难以把握全面精准。如中国文化、中华文明、华夏精神、传统医学等莫不如此。或因其历史悠久，变化多端；或因其地域辽阔，千差万别；或因其内涵奥秘，高深莫测；或因其周延模糊，无边无沿。中国武术也属博大精深行列，是一具令人生畏的庞然大物，还因门户林立，流派丛生，对武术的解析与诠释多为见仁见智。当今中国传习武功者众，然而知其要义者寡，能得其真谛者更是寥寥。

王岗先生的《中国武术文化要义》一书试图在这方面有所突破。其运用现代学科理论进行尝试性之努力让人感佩，其立论之大胆让人深觉后生可畏，其掌握材料之丰富足以证明作者治学功底日见深厚。

在与西方武技做了一番比较后，王岗先生认为：中国武技在"侠义"思想的感召下，披上了神秘化的外衣；在"不征服"意念的指导下，形成了以套路为核心的演练形式；在伦理道德的约束下，追求崇尚君子的风度和气质。久经锤炼，终于嬗变为独具中国文化特色的"武术"。

进而，王岗先生运用社会学、文化学、伦理学、教育学、宗教学、军事学、美学等多学科的理论对中国武术做出综合性解释，提出了武术是"一种民族化的生活方式""一种享受过程的文化""一种浓郁的宗族文化"等观点，都是可圈可点的。王岗先生跳出武术看武术、讲武术、评武术，于是就形成了一些独到的见解，这是现代科学方法研究的必然产物，也是武术走出封闭性、神秘化、拳谱传承的必由之路。就此意义而言，王岗先生的这一作为是值得称道的。

王岗先生是我结识十余年的学友，当年我还在北京体育大学任教，在一个硕士研究生的学习班上认识了他。因我曾在山西工作多年，便与一直在山西生活的他多了些共同语言。学习结束时，我们班只分配到了少数几个学位的名额，僧多粥少，他未能入选。他的火爆脾气几欲发作，几杯烈酒落肚，就有拔拳相向的冲动，我和周围的朋友把他强压了下去。我说了一句"出水才看两腿泥"去安抚他。这当然也是我的切身体验，我把这句话送给了他，想与他共勉。

后来听说他到了江南，考上了上海体育学院的博士。之后又看到了他写的三本书，这已是第四本。最近在苏州见到他，与他多次长谈，深感他身上的变化。也许是受到江南水乡灵秀的感染，使他少了些暴躁和虚浮，多了些宽柔和沉稳；也许是年龄使然，少了些愤青的激昂，多了些中年人的气度；也许是常年书籍的陪伴，少了些武夫的莽撞，多了些书卷的气息；也许是看明白了时世，少了些入世的功名角逐，多了些出世的闲情逸致。而恰在此时无心插柳，却实至名归。

王岗先生前一本书完成曾请我作序，我躲过了，因为我对武术是门外汉，不能做门外谈。这次吃了他专程从苏州带到北京的八只阳澄湖大闸蟹，无论如何躲不过了，便凑成了上面的千把字，算是序吧。

卢元镇<br>
2007年立冬日于广州容笑斋

# 沈剑威、阮伯仁《体适能基础理论》序

在港澳台地区有一个耳熟能详的概念——"体适能",在内地则刚刚为人们熟知。内地有"体质"一词,并衍生出"身体锻炼""全民健身""社会体育""群众体育"之说,"体适能"可以视为与"体质"同类,但略有不同。简言之,内地的种种理念多少偏重大众体育的社会性,而香港的理念则更倚重科学性,强调身体活动的生理、生化基础。"体质"的概念至今尚有争议,且在英文中没有准确相应的名词对应。多年来,内地的运动生理学、运动生物化学一直偏重竞技运动,研究提高运动成绩的生理、生化基础为多,关注运动改善人体健康、增强体质为少,成为这类学科的缺憾。因此,内地引进出版《体适能基础理论》一书是适时的,是相得益彰的。

该书于1998年在香港出版,沿用至今已近十年,获得粤港地区与海外华人地区体育运动及体适能界的广泛认同,并被多所学校作为教材使用。2006年他们再度修订,第二版在香港隆重发行,补充了许多最新科研成果,增添了大量数据信息。此书已成为当地及华人地区相当具有实用性的教科书或参考书,也可以作为从事健身专业人士的一本极富价值的工具书。

该书的修订本的简体版在内地发行是一件好事情,它将加深内地学界和群众对体适能概念的认识和理解。该书不仅阐明了运动与体适能之间的关系,也辨析了健康与体质的异同。该书全面地诠释了体适能概念、构成要素、类别,以及体适能的发展趋势;论证了体适能的生理、生化基础;而且对提高身体素质、减缓心理压力、合理控制体重,以及运动中的安全保证和急救等问题提出了具体的操作方法。应该说,该书兼顾了理论和实用性,在导出理论知识的同时,强调了实践途径。

在成书的过程中,作者引用了体育发达国家对体适能活动的经验和做法,参阅了体育运动科研的最新成果;考虑到中国经济与社会发展的现状,以及全民健身日益兴旺的现实,全书深入浅出,图文并茂,为提高我国广大群众体育参与的广泛性和科学性，建立健康活跃的生活方式，提高其生命质量和生活质量，做出了重要的学科努力和理论贡献。

在体育界，内地与香港之间的此类学术交流不是很多。沈剑威与阮伯仁二君开了一个先河，做出了一个范例，应该十分感谢他们！

卢元镇

2007 年 12 月于广州容笑斋

# 杨弢、姜付高《中西方体育文化比较》序

　　发生在公元前776年的古代希腊奥林匹克运动会给人类遗留下来了一笔宝贵的精神财富和物质财富，然而，也留下了一串串文化密码：
　　——为什么奥林匹克运动会会发生在古代希腊？古代希腊如何成为奥林匹克运动会的文化温床？
　　——为什么当地球上多数地区还在为起码的生存条件奔忙、劳作，以至征战的时候，希腊人开始了大规模的游戏？
　　——为什么古代希腊的奥林匹克运动会到公元393年会戛然而止，竟然中断了1500年之久？
　　——为什么文明高度发展的东方始终没有出现过达到奥林匹克运动会高度的竞技活动？
　　——为什么今天奥林匹克可以一统天下，其他种类的体育文化只能依附于它？在这样一种格局下如何保护世界体育文化的多样性？
　　——奥林匹克运动会给全人类的文化启示是什么？会因奥林匹克运动会的忠告而铸剑为犁吗？
　　——中国传统文化与奥林匹克文化的异同在哪里？这两种文化如何实现它们的融合与协调？
　　——奥林匹克运动会给现代化过程中的中国带来了什么？中国又回馈了奥林匹克运动会什么？
　　——中国如何看待奥林匹克运动会在中国的发展？这是西方文化主义的入侵，还是正当的文化交流？
　　……
　　杨弢、姜付高二位老师试图在本书中回答这些问题，他们很努力，至少很好地回答了部分问题。
　　马克思在对古代各文明古国进行分析时，曾形象地说，有营养不良的

小孩，有早熟的小孩，也有发育不健全的小孩，在古代氏族中属于此类范畴者甚多；唯有希腊人为发育正常的小孩。马克思把希腊文明比喻为发育正常的小孩，除了其特殊的经济、政治和生产关系等理由外，还与希腊人那种天真烂漫、酷爱体育、尚武卫邦、敬畏力量等奥林匹克精神不无关系。如果说古代希腊是发育正常的孩子，那么古代中国就是那种早熟的孩子。这种早熟不仅体现在沉闷、保守的封建小农经济和高度的专制的政治制度上，也表现在严重缺乏"游戏精神"的文化态度上。一个人，乃至一个民族缺乏"游戏精神"是很可怕的事情。一位哲学家曾这样讲，人只有游戏的时候才能成为人，而人只有成为人的时候才会游戏。奥林匹克运动会在中国大地上行走的时代恰恰是我们经历了思想解放，理直气壮提出"以人为本"的同时代，我们也因此赋予了北京奥运会以"人文奥运"的称谓，这绝不是偶然的巧合，而是时代命运作出的决定。

体育社会学家在对竞技体育进行研究时，反反复复地强调一个主题，就是竞技体育是人类社会的缩影。由此认为与家庭、宗教、政治、经济企业这些传统的研究领域一样，竞技体育也是不同社会中的普遍性文化生活方式和基本的社会制度，是现代社会中最广泛的文化领域之一。因此，社会的任何进步与发展、停滞和倒退也都会浓缩在竞技体育身上，而对竞技体育的研究有助于我们认识现代社会。我们可以从这个意义来判读杨弢、姜付高著作的价值和意义。

杨弢、姜付高二位老师是我的朋友，他们所属的大学是曲阜师范大学。曲阜是孔子的故里，他们的严谨治学大概就是源自当地文化。

是为序。

卢元镇

2008年5月于北京容笑斋

# 张新萍《后奥运时代的中国体育》序

我常把中国的体育比喻为化学元素中的"碳"。碳可以形成两种不同的分子结构，也就形成两种截然不同的性质。当以钻石的结构出现时，它熠熠生辉，光彩夺目，坚硬无比；当以木炭的结构出现时，它墨黑暗淡，无形无状，松散异常。于是，看待中国体育就有了"歌德派"和"缺德派"的区别。站在社会学、体育社会学的立场上，往往要寻找体育的社会问题、失范行为、越轨行为等，成为理所当然的"缺德派"，这是学科任务使然。这也就是体育社会学及其工作者在娱乐升平时代不招人喜欢，甚至被打入"另类"的原因。因此，从事这一学科的研究工作，尤其需要理论勇气的理由。张新萍博士就是这样一位敢作敢为、敢说敢当的人，现在摆在读者面前的这本书也具有这样的性格。

两年前的盛夏，她进行博士论文答辩，在她以大量数据、例证和严谨的逻辑推理结束陈述后，进入了精彩的答辩阶段。她以丰富的资料、出色的反诘、果决的语气，赢得满堂喝彩。在座听众中竟有人大声议论："张新萍不像女孩子！"

她在论文中抨击了中国体育改革滞后于经济、政治体制改革的现实。由于中国体育内部缺乏改革动力，改革多处于被动，体育管理与决策部门的主动性很差。但她预见了这样一个事实"北京奥运会是中国体育发展的见证，是中国体育发展史的一座里程碑，也必将对中国体育改革产生深刻的影响，成为中国体育发展的分水岭"。她进而指出，中国在 2008 年后体育格局将有重大改变，体育重心将由竞技体育转向大众体育，竞技体育发展机制将进行调整，体育管理体制将由政府集权型转向政府主导、社会自主综合型。这些结论正在得到验证。

评价一届奥运会是否成功，有两个要件：一是主办国对奥运会的组织管理水平，二是主办国在奥运会上取得的运动成就。用这两个要件衡量北京奥运会，国际奥委会主席罗格得出"真正的无与伦比的奥运会"（These were truly exceptional Games!）的结论无疑是正确的、中肯的。

  北京奥运会使中国体育盛行于世，走向巅峰。然而，辩证法告诉我们：否极泰来，物极必反。因此，我们必须平静地从光环中走出来，平稳地从分水岭上走下来，寻求新的发展道路。虽然2008年北京奥运会我们获得了无可挑剔的成功，但这不能成为故步自封的理由，一个理性的、成熟的民族是不会因为达到某一新的高度而陷入群体性自满的。而勇于改革才能拒绝自满，善于改革才能赢来竞技体育的再度辉煌。这或许就是张新萍博士完成这项研究的初衷，也是她的观点可以得到学界认可的理由。

  中国体育在许多方面可圈可点，但也确实存有不少可气可恼之处。典型的事例是：中国足球如何走出困境，中国青少年儿童的体质持续下降的势头如何得到遏制。当然还有一些积习多年的、掩盖很深的矛盾也需要我们正确面对，需要通过深化改革来解决。如果中国体育，特别是竞技体育在实力基础和实力表现之间的裂痕不能得以弥合，差距不能得到统一，中国体育不能摆脱急功近利左右的话，未来中国体育如何走下去，如何走得好，确实令人忧虑。

  张新萍副教授任教于中山大学。她有很好的体育运动基础，打得一手好篮球，硕士研究生学习阶段选择的是运动人体科学专业，从事生物科学的实验工作，博士研究生阶段又改学体育人文社会科学专业，曾赴美国春田学院任高级访问学者。这些经历和经验对她更完整地认识中国体育，并以一种严谨的科学态度来评价中国体育，无疑是难能可贵的。她的字里行间还透出了她对中国体育的深切热爱。只有对体育满怀热情的人才能发出这样恳切的议论。今天她将以她的博士论文正式出版的形式致敬中国的体育事业，为中国的体育改革与发展进言，当然是一件值得庆幸的事情，特别是当我们缺少一剂清醒剂的时候。

卢元镇

2008年盛夏于广州容笑斋，是日残奥会闭幕

# 周君华《婴幼儿体育的理论与实践》序

捧读周君华副教授的《婴幼儿体育的理论与实践》感到由衷的高兴，因为早在20世纪70年代末我就曾写过几篇短文，呼吁重视婴幼儿体育，但当时反响不大。今天，这个话题进入更多人的视野，而且纳入高等教育的范畴，这反映出体育教育内容的扩展，社会文明的进步，以人为本思想的深入人心。

婴幼儿体育，是终身体育的起点。人们的体育应该贯穿于从0岁到100岁的日日夜夜，然而我们往往把终身体育的起点设在6～7岁，甚至设在离开学校已经成人的时刻，这显然是不对的，因为这样做耽误了最佳的起始时机。在婴幼儿时期，他们的大脑还没有发育成熟，体育活动特别有助于婴幼儿大脑细胞的增加，在一些医学科学和体育教育发达的国家，婴儿出生的第二天就已经开始做被动体操、游泳等活动。婴儿在一周岁后免疫能力开始下降，体育活动可以不同程度地提高他们耐寒、耐热的能力和抗御疾病的能力，可以提高他们的食欲，又避免过度肥胖的发生。而且，在婴幼儿时期逐渐形成的体育兴趣与习惯可能会影响他一辈子的体育观念。

婴幼儿体育是民族体质改善的根本。一个民族体质的增强，不能寄希望于中老年体育，因为他们已经完成了生命延续的遗传任务；青少年体育固然重要，但毕竟是"亡羊补牢，未为晚矣"。欧美、日本人口体质改善的经验证明：婚前基因控制、胎教和婴幼儿体育是基本前提。进入小康社会、构建和谐社会的当代中国是应该把这些问题提到议事日程上来了。

婴幼儿体育，可以粗率地分为两个阶段。即婴儿阶段（包括胎儿和新生儿）和幼儿阶段（包括幼儿和学龄前儿童），婴儿阶段主要靠家庭来完成，幼儿阶段主要靠幼儿教育来实现。在我国，家庭对婴儿的教育重养，不重育。而且大多靠一些缺少体育教育经验的老年人来带孩子，他们甚至连教导婴儿抓握、抬头、爬行、蹲坐、站立、行走的时机和正确方法都不知道，更不要说让他们有目的地指导孩子做体育练习了。进入幼儿教育阶段，嬉耍、游戏、运动本应是这一阶段教育的主要内容，但是，"望子成龙，望女成凤"心切的家长，领着孩子学钢琴、学书法、学画画、学电脑，背《三字经》，读《百家姓》。在幼儿园也把大量学校教育的内容移植进来，口口声声"不要让孩子输在起点"上，他们忘记了孩子们人生的一个重要的"起点"恰恰在体育上，如果一个孩子失去了健康、快乐的童年，在身体上是不健全的，在心理上是不完善的，这些阴影可能将陪伴他们的一生；如果一个家庭拥有一个病恹恹的孩子，这个家庭必定不是欢乐的；如果一个民族的所有孩子都像老年人一样心事重重、厌倦行动、缺少朝气，那么这个民族的希望又在哪里？

从这个意义上认识《婴幼儿体育的理论与实践》这本书，就不仅仅是一本书而已了，它不仅是在提倡一种实践行为，更是在倡导一种重要的教育精神。为此，我们应深深地感谢周君华副教授。

周君华副教授是一位勤奋好学、孜孜不倦的女老师，从事体育教育工作多年，研究成果丰硕。她邀我为她的新作写序，我欣然答应，是为序！

卢元镇

2008 年深秋于北京容笑斋

# 李志清《乡土中国的仪式性少数民族体育》序

　　第一次捧读李志清的博士学位论文时，就被论文所涉及的遥远而切近的事物强烈吸引，并为之深深感动。在论文答辩时，她得到了与我的感想相同的赞誉。

　　湘桂黔交界地区侗族的抢花炮活动具有悠久的历史，动员参与人数之众、游戏竞争之激烈、与民俗礼仪结合之紧密，在中国少数民族体育项目中极为罕见，在世界体育发展史上也是一个特例。

　　李志清博士运用侗乡抢花炮活动的缘起、沉浮和发展作为实例进行了理论探讨和案例研究。这项研究对深入开发我国民族民间体育项目，对建设我国民族体育理论都有重要的意义和价值，而且对实现世界体育文化的多样化也有积极的响应作用。当今，奥林匹克作为一种强者文化、强权文化、强势文化，对各种民族体育文化都产生了强大的同化、融合和统摄的作用，正在向世界的每一个角落扩张着、渗透着、弥散着，成为世界体育发展的坐标系。而其他国家、民族的体育文化，无论是传统的，还是现代的，无论是成熟的，还是萌芽态的，无论是单一民族的，还是跨国的、多民族的，或多或少处于弱势地位。各种民族体育文化在"弱肉强食"的规律面前，变得如此苍白，与奥林匹克之间形成了一种绝对不对称的文化关系。

　　今天奥林匹克与各种流行文化、时尚文化杂糅在一起，在全世界涌动着，呼啸着，成批成批地倾销着，进入人们的生活方式，闯入各国的精神世界，使许多弱小民族几乎忘记了自己民族体育文化的过去，使多数青少年不知民族传统体育为何物，不知哪些是"土特产"，哪些是"舶来品"。而抢花炮活动提出"好让孩子'把根留住'"的口号，其豪迈与悲壮溢于言表。

　　当代中国的体育工作者李志清博士认为，在奥运会上拿几个金牌固然风光，但是重整中国民族传统体育的旗鼓，并将它们推介到世界上去，才是责无旁贷的历史责任。从这个层面理解这本书的意义就不同凡响了，大有在民族体育研究中开先河的作用。

李志清博士在本书中从抢花炮在族群中的礼仪价值，推演到族群与族群之间的族际交往作用，再演绎出民间传承的文化轨迹，进而研究了抢花炮与国家社会之间的密切关系，最终预测了这项活动在现代社会中的文化地位。特别指出了它对劣质文化的"竞争性抑制"作用，这对构建和谐社会、建设社会主义新农村等都有重要的现实意义。

我对李志清博士在研究中采用田野调查，查阅文献资料、历史档案等方法，十分欣赏。现在有些研究人员坐在电脑前打开网络，靠"复制"与"粘贴"拼凑论文。有些博士、硕士靠一张"问卷"包打天下，而李志清博士则跑遍桂北，用自己的足迹丈量出了抢花炮的历史，用自己的诚意换回了侗族百姓的心声。当我们读到书中一段段访谈记录时往往可以身临其境地感受到一股强烈的乡土气息和少有的真情。

一项研究止于田野调查是远远不够的，必须进行理论升华。李志清博士所采用的"文化网络"概念、"国家—社会"模式以及现代性、国家和地方知识性三个维度的理论，大大提升了论文的理论水平。

我与李志清博士接触不多，初读其博士学位论文时，误以为她是一个男性，因为完成这样一个课题实在是太辛苦了。然而与她交谈后才感悟到她身上具备的那种顽强、执着的品质和对事业、学业孜孜以求的精神，这是成功完成任何一项研究都要必备的个人心理前提。凡是与她打过交道的人也几乎都有同感，并交口称赞。

在本书中，李志清博士又在毕业论文的基础上做了补充和修改，包括书的题目。我常讲好文章不是一笔写出来的，而是一字一字改出来的。经过修改锤炼，读者面前的这本书才会更精彩。

是为序。

卢元镇

2008年初春于广州容笑斋

# 易剑东等《体育媒体公关：美国经验与中国借鉴》序

进入20世纪，随着"金元帝国"美国对世界体育介入与渗透的加深，刻板的英国绅士式欧洲近代体育逐步退让，国际体坛出现了一种新的格局：一个叫作"职业体育"的怪物从潘多拉魔盒里被释放出来，与奥林匹克分庭抗礼。它从登堂入室到反客为主，从不被认可到风靡于世，似乎不费力气，又似乎顺理成章。

我曾将职业竞技赛事、观众、大众传播媒介和商业运作等比喻为一辆华丽马车的四个车轮。这驾马车终将驰骋起来，并堂而皇之地驶进21世纪。然而，在这辆四轮马车上，作为体育文化产品的生产者、提供者是职业体育，作为消费者的观众和球迷，作为投资者、营销者的商家，以及作为吹鼓手的传播媒体，必须同向驱动、协调运行、利益共享，才能使这驾马车动力十足、平稳向前。

那么，如何才能使他们四者之间达到相互协调，并相辅相成呢？处理好它们之间的关系至关重要。他们之间的公共关系活动、公共关系传播都必须得到高度重视。中国足球的失败有众多的原因，但是职业体育主体未在真正意义上被确立起来，并承担起处理公共关系的责任，应该说是造成中国职业足球长期落后的一个重要原因。

现在，手头的这本很厚重的书就要来帮助我们解决这个问题。

美国是职业体育的主创人和操盘手，他们纯熟地将商业理念带进了职业体育。他们在这方面有足够的经验教训可供我们汲取，他们的组织架构、活动方式可供我们作为样板，他们作为非政府组织的自我法律约束、道德救赎可供我们参考。本书的作者翻译、参阅了大量职业体育组织的资料和研究成果，这些组织包括美国职业棒球大联盟、国家橄榄球联盟、美国篮球联盟、职业冰球联盟、美国赛车联合会，以及国家女子篮球联盟等。本书作者还从职业体育组织的出版物和媒体活动，以及大型赛事的媒体应对和官方网站建设与功能等方面展开了讨论。

本书的资料性重于理论性，其主要章节分述了美国各大职业体育组织的架构与机能，但在每个章节的相应部分又都做出了对中国现状的分析，并提出了我国可以借鉴的内容与方法。

中国的职业体育还处在萌芽阶段，而且在成长过程中并未一帆风顺。阅读此书之后，你也许可以知道，原来职业体育早已呈现给我们的是一个蔚为壮观的体育世界、传媒世界和经济世界。

在一个市场经济的国家，鄙视职业体育是不可理解的，在一个已开展职业体育的国度里不按照职业体育的内在规律去处理好各种体育关系、经济关系和文化关系，显而易见是不能将它扶上正轨的。

这或许就是这本书存在于世的价值所在。

感谢本书的主编易剑东教授和他带领的研究生团队，他们为了成就这本书花了大量的时间和精力。当今充斥着浮躁、虚假与功利的学术界，安于此道的人已经不多了。

易剑东教授曾是我在北京体育大学任教时的同事，他的勤勉好学与学术敏锐是得到学界和传媒界公认的。他嘱我为这本书写序，真勉为其难，但先睹为快总是一桩乐事，我便答应了下来。

于是，就有了这篇称作序的文字。

卢元镇<br>2014 年盛夏于北京容笑斋

# 王漱华《晚霞尤雅》序

这本沉甸甸的书册是一位93岁老人历经十余年的呕心沥血之作，当读者知道这本书的创作历程时，定会肃然起敬。

2003年，著名国学家王伯祥先生的后人办起了一份家族小报，定名为《霞雅家报》，报名是在伯祥先生曾长期居住过的两个地名中各取一字，一是上海的霞飞坊，一是北京的小雅宝胡同。这份家报在过去13年中出版了130余期，发表了族人的近一千篇文章。

《霞雅家报》最热心的一位拥趸就是王漱华女士。她是伯祥先生的七女，我的漱姨。她不仅是家报忠实的读者，曾一字不漏地阅读过其中的每篇文章，并谈出感想；她也是家报的权威指导者，家报几次出现危机，都是她力排疑难，使之坚持了下来；她更是一位勤于笔耕的写作者，本书汇集的就是她十余年来的创作成果。进入高龄期后，她体力日衰，一眼全部失明，一眼依稀可见，但她仍在一片茫然间展纸握笔摸索前行。漱姨写出的字东倒西歪，笔画不能连贯，如蠕形文字，唯有其子王弥同可以勉强辨识，再逐字逐句整理成文。本书的最后一篇文章《霞飞坊往事》就是在这种写作状态下，一日数句，坚持完成的。

漱姨的文章近乎口语，文字朴实，条理清晰，无任何矫揉造作之气。她的笔下都是身边的小故事、小人物，但从这些简朴的文字中可以让人看到家国兴衰的历史变迁，看出中华民族不甘沉沦的时代精神。这本书作为家庭教育的教科书是合适的。

文如其人。

从书中读者可以读出漱姨的睿智。她不仅记忆力超群，七八十年前的人与事都一桩一桩记得清、说得明，而且她的判断力也惊人，每一件事的是非曲直她都能条分缕析地判别清楚。漱姨一生都是在做人的工作，无论在家庭还是在社会，她都有说服他人、缓和纠纷的智慧和能力。即使到了鲐背之年，漱姨仍以她丰富的人生经验和智慧影响和鼓励着后人。

漱姨也是坚韧的。她做事执着，可谓不屈不挠。她日复一日坚持写作直到高龄就是证明。笔耕不辍就意味着思想不止，永远保持对周边事务的热心，时刻保留一颗好奇的童心，是她特有的坚韧方式。

漱姨更是高雅的。如果说她的睿智与坚韧是从我外祖父身上继承所得，那么高雅的品质则是来自我的外祖母。那种既不同于庶民的精神贵族气质，又不同于华胄的江南淑女风范，在漱姨身上表现得淋漓尽致。

因此，漱姨是令人尊敬的，也是让人亲近的。

我幼时曾在上海生活过四年，很多事情都退出了记忆，唯有一件一直难以忘怀。大约是在1947年一个冬夜，那时我才四五岁，漱姨带我坐三轮车从霞飞坊回北四川路祥经里，我坐在她身旁，偎着她。她怕我睡着着凉，就一路给我讲故事，之后又教我数电线杆，一根一根数到家。直到今天，我仍没有忘记那个夜里的温暖。

漱姨嘱我为她的书写几句话，我就怀着60多年前留下的温情，写下以上的几段话。

谢谢她，也谢谢她的书！

卢元镇

2015年初冬于北京容笑斋

# 李辰《乐透彩票游戏概论》序

这是一本为彩票讲道理的书。

在我们周围有很多人，包括我们自己都或多或少地购买过彩票，但很少有人会想：我们为什么要买彩票？为什么有那么多的人被我们冠之为"彩民"的头衔？彩民们的热情何以这样经久不衰？那么，彩票的魅力究竟在哪里？

而彩票的各种游戏是怎样设计出来的？这些游戏的数学模型是什么？这些游戏是如何在法律允许的范围内开展形同赌博的活动的？博彩与赌博的区别在哪里？彩民的利益是如何得到法律保障的？将钱币变成花花绿绿弃置一地的废彩票后，那些钱到哪里去了，去干了什么？

中国彩票业发展到今天，需要有这样一本书去回答这些问题。

彩票是一个庞大的金融体系，可以迅速生财，也可能酿成连锁反应的社会问题。但很少会有人想到，彩票也是一个庞大的知识体系，其在国外已经有了上百年的历史，并进入教育体系。在中国历史上，彩票断断续续地、不成系统地以各种形态在社会上生存过，但都不成气候。改革开放以来，它井喷式地在中国大地发展起来，从首都到边陲，从繁华的城市到偏僻的乡村，成为市场经济时代的一项重要的休闲娱乐活动，也成为改革开放的一个重要风向标。但是在这方面，我们的知识准备和人才准备是严重不足的，是与彩票的发行规模和市场量值不相匹配的。

中国的彩票从业者大多改行而来，彩票业的策划者、管理者和经营者需要重新学习彩票的专业知识，要知其然，更要知其所以然。这一超大规模的培训任务，需要理论支撑，需要足够的信息量形成的知识系统。

彩票的直接销售人群是一支有几十万人的庞大队伍，他们的文化素质不高，彩票的知识更加欠缺，因而制约了营销的效益。而且随着彩票玩法的不断更新，专卖店工作人员与彩票终端机前的一线人员更需要不断接受系统培训。

即使是彩民也需要了解和掌握更多的彩票知识，以免盲目和冲动消费，他们更要知道购买彩票的法律底线，才不至于落入违法陷阱。

基于上述原因，您手上这本书便应运而生。

这本书是集体智慧的结晶，其创作团队长期从事彩票业的各级各类工作。主要撰写者对多年来全国体育、福利两家彩票上万期的销售数据、资金流向数据、各种彩票游戏的数学建模数据，以及造成各种彩票"事故"的各期数据都做了解读与分析，这些数据大约有几百万个之多，其采集、统计运算的工作量之大可以想见。因此这本书中的材料和数据来源，以及可靠性、可信度都是有保证的，其分析解读也是有说服力的。在同类书籍中，本书是不可多得的佳作，目前在国内也是唯一一本研究该领域的图书。

这是本书的最可贵之处，也是本人愿为其作序的理由。

是为序。

卢元镇<br>2015 年初冬于北京容笑斋

# 曹景川《职业化走向中的中国体育道德建设》序

山西师范大学的曹景川先生请我为他的书作序，因为他完成了一项国家社科基金的课题，准备成书。我对能完成这类课题的作者都是敬佩的，因为这类课题从开题、申报、立项、中期检查、结题到接受审计，每过一道关都需要勇气和实力。近年，仅账目报销一事就让无数学者尽折腰。有些学校的财务部门如同医院一样，办理手续要事先拿号预约，有些导师不得不聘研究生专职办理财务手续。所以我对做课题一事历来视为畏途，敬而远之。当景川先生约我写序时，就没再推辞，心想别再给年轻人添麻烦。

我们经常讲的体育道德，其实主要是指竞技体育范畴内的道德问题。我常说一个社会有三种道德不能丧失底线：一是师德，少了师德就等同丢失了民族的未来；二是医德，少了医德就意味着藐视民族的生命；三是司法道德，少了它，国家就沦陷了精神世界和基本价值观。体育道德虽没有以上三者紧要，但同样不可忽视，因为体育社会学的一个基本命题是：体育是社会的缩影和折射。社会的道德问题会反映到体育中来，体育中的道德问题也会影响到社会中去。

功利与道德常常站在社会的两极。为追逐功利，往往会不择手段，忽视道德的存在；遵从道德，缩手缩脚，往往会在瞬间丢失功利；而违反道德，往往会成为沽名钓誉、名利双收的铺垫。职业体育运动员的高额收入与一夜成名的地位，使他们时时站在功利与道德两极之间不得不做极端的选择，功败垂成全在一念之间。

对裁判的判决服与不服？对兴奋剂用与不用？伤害对手的一脚一肘出与不出？一场假球打与不打？有赌博背景的黑哨吹与不吹？……无数体育道德问题拷问着职业体育的运动员、教练员、裁判员、经纪人和体育官员。在一个职业体育刚刚兴起的国家，体育道德体系还不完备，体育道德教育还没有深入人心，职业体育人的体育道德自觉还没有建立起来。当一种良好的道德品质可以获得优渥的报答，败坏的道德操守一定会身败名裂，甚至会被逐出职业体育圈子的机制，即善有善报、恶有恶报的信念还没有建立与成熟起来之前，职业体育的道德就成为一个十分严峻的问题。它不仅关系到职业体育人的生存环境，还关系到职业体育项目本身的前途。中国职业足球长达三十年的煎熬，就隐含了这方面的因素。中国职业篮球、羽毛球与其他一些项目，也已经让我们看出了缺乏职业道德素质的端倪，如果不亡羊补牢，也可能会遭遇到与足球同样的命运。而中国女排让我们看到恰恰相反的成功例证：道德是奋进坚守的前提。

就这个意义而言，研究职业体育中的道德问题，就有了重要的学术价值和立竿见影的现实意义。这或许也就是曹景川先生完成的这个课题要回答大家的问题。

当然，由于中国竞技体育的封闭性，使得作者在完成这一课题时具有很大难度，尤其是对职业体育的数据资料的获得难度很大，很多案例不得不取自专业体工队（中国的这类体育组织也具有某些职业体育的性质）。文章花在道德、体育道德、公民道德、价值观等方面的一般论述篇幅较长，有冲淡主题之嫌。

认识曹景川先生是十余年前的事。那时，他还是一位初出茅庐的山西耕读青年，刻苦有冲劲，默默耕耘到了中年。如今读到他这二十余万字的书稿，深感后生可畏。愿他继续努力，再出佳作。

是为序。

卢元镇

2017 年 1 月于北京容笑斋

# 杨叟、陈祥奎《古罗马竞技文化研究》序

2010年春，我刚刚退休下来，便开始了我的首次欧洲旅行。第一站是意大利，飞机在罗马着陆，似乎立足未稳就直奔古罗马斗兽场了。这座斗兽场由巨石垒成，建筑体量之高大，营造设计之雄伟，令当今世界多数大型运动场汗颜。我自感藐小，在惊诧之余，木然地举着相机不知如何取景。此时，斗兽场封闭了，沉寂了，失去了往日的霸气。两千多年前的狮吼、虎啸、狼嚎、象嘶、犬吠，观众疯狂的喧嚣，以及奴隶角斗士惨死前的悲泣，都已化作历史的尘埃，随台伯河水远去。

我站在大门的铁栅栏外思索，猜想着不远处的凯旋门押解进来的战俘，该是希腊、马其顿的，还是波斯、迦太基的。他们将被强制进入角斗士训练学校，最终将在这座斗兽场搏命。我也联想到中国春秋战国时代的长平之战，30万战俘被活埋的不眠之夜。我还浮想到了年少时读到的《斯巴达克斯》中那一群反抗者的英雄形象，他们的英勇虽然只获得了短暂的自由，但在历史上留下了姓名。

从单纯竞技的角度来审视古代罗马人曾经的竞技，它是独特的、辉煌的，是人类竞技文化的一座巅峰。因为以人的生命作为代价的竞技，便是无可比拟的、无退路可寻的最高竞技。今天的运动员以生命的极限跑完马拉松，在体操器械上做出超高难度的动作，在空中延迟张伞下落，行走在千米高空的钢丝上，等等，都在模仿、追求和逼近生命之争，但都不能与古罗马竞技向死搏命的精彩、极致和壮烈相比，二者不可同日而语。

然而，从人道主义的角度来评说古罗马竞技，特别在"以人为本"的旗帜下，认同它的粗野、愚笨、血腥与残暴，是令现代人不可思议、不可想象，也是不可接受的。在人类已经走完了漫长的洪荒与野蛮期之后，在已经进入文明期的时代还会发生这等伤天害理的、屠杀式的群体性行为，确实让人类文明蒙上了羞耻。

于是，总有人对天发问：野蛮为何要吊打文明？文明为何总是反惧野蛮三分？反文明的人类历史还会怎样续写？

对于欧洲古代体育，东方人能了解与认可更多的只是古希腊的奥林匹克运动会，而对与它衔接的古罗马竞技知之甚少、论之更少，甚至对近乎杀戮史的罗马竞技史绝口不谈。然而，人类的体育文明、竞技文化是环环相扣的。古罗马竞技恰是古代与近现代奥林匹克之间不可断缺的环节，没有野蛮荒诞的罗马竞技作为反衬，就不可能有人性纯朴的价值观与奥林匹克的嫁接，也不可能有文艺复兴旗号下的近代奥林匹克运动的勃兴。

因此，古罗马竞技文化是绕不过去的，尽管它不受人喜欢。

我带着许多历史问题，以希求得到答案的心态，一口气读完了杨弢等学者所著的《古罗马竞技文化研究》，他们在掌握了大量国内外史料的基础上，"界定了古罗马竞技文化的概念，探究了古罗马竞技文化的兴衰演变，以及古罗马竞技文化的类型、结构、特性和社会价值"。以古罗马大竞技场一日盛况为例，描述了角斗竞技的发展演变、比赛的方式等，探究了嗜血的娱乐游戏角斗竞技，并对这类竞技文化进行了深刻反思：以古罗马竞技文化为镜，反观了现代体育文化发展，试图为当代体育文化的良性运行提供理论支撑。

杨弢教授长期从事世界体育史与体育理论的研究工作，具备良好的理论素质，又有较高的人文素养，所以此书不仅具有相当的理论深度，也有很强的可读性；不仅可以成为体育院校理论教学的参考读物，成为借鉴外国体育经验教训的研究成果，也可以供普通体育爱好者阅读欣赏。其中一些章节写得相当惊心动魄，读起来不亚于小说。

杨弢教授嘱我为此书作序，我应允了。老实说，我并不具备为此书写序的功力，此文只能算是第一读者的一份阅读笔记，借此奉献给后来的读者，并以此感谢杨弢教授的辛勤耕耘。

卢元镇

2017年2月于北京容笑斋

# 马思远《我国中小学生体质下降及其社会成因研究》序

30多年来，中国体育遭遇两件犯难的事情：一件是中国足球的屡战屡败又屡败屡战，另一件是中小学生的体质状况持续下降。

足球的事，让人棘手；身体的事，叫人揪心。

这两桩事似乎并不相关，但其中还是存有深刻的内在联系。一个亿万中小学生青少年儿童身体状况节节下降的社会，要找出11名称职的球员还真不是一件易事。看到国足比赛，人们就咬牙切齿关电视机的国家，又如何能激发孩子们去热爱体育运动？

足球的事似乎可以关起门来讨论，为应付舆论质疑，不断拿出新方案，不断更换球员和教练，总可给人一点希望。而学生体质的问题就不那么简单。体育部门说，这是学校片面追求升学率闹的，与体育无关；教育部门说，这是人口政策出了问题，学校教育被家长绑架；家长说，孩子考不上大学，身体再好又有何用？

于是，就有人提出了一个著名的天问：解决中国足球与教育（包括身体教育）这两个改革问题，哪个更难？

就在众说纷纭，莫衷一是之际，马思远先生为博士论文开题咨询我，于是我就将这样一个有争议的话题提给他。他采纳了，便以《我国中小学生体质下降及其社会成因研究》为题完成了他的学位论文。

他揭示的这一学生体质下降的社会现象今天依然令人不安。他使用了下列词语表达了他的关切和无奈：中小学生体质的重要性，下降的普遍性、严重性、危害性，扭转其下降的紧迫性，国家公布其调查结果的局限性、滞后性以及对其下降研究的不系统性，等等。

作者的无奈源自实际数据的无情：1985—2014年的30年中，我国中小学生主要体质指标只有如50米、仰卧起坐出现了止跌略有回升的迹象。从总体趋势来看，反映其耐力、速度、爆发力和力量的身体素质指标和肺活量机能指标均呈下降趋势。其中，反映学生的耐力和力量体质指标呈现严重下降趋势；反映其视力、肥胖和超重的健康指标检出率均呈逐年严重上升的趋势，超过 WHO 公布的 10% 的"安全临界点"；2014 年，城市高中学生视力不良检出率均值竟高达 86.38%。

2014 年的监测所得数据是最切近的一批数据。1985 年以来，我国曾采取了诸如体育课程标准改革（2002）、全国亿万学生阳光体育运动（2006）等多项全国性的活动。2007 年中共中央、国务院颁布了《关于加强青少年体育，增强青少年体质的意见》，但至今仍然收效甚微。

冰冻三尺非一日之寒，对这个多因结出的多果，马思远先生对各种来自社会与家庭、卫生与体育、教师与学生、文化与教育的各种因素，做了详尽的综合性探讨。并在此基础上提出了相应的建议：把解决学生体质问题上升到国家战略高度，调动政府的、社会的更多资源和力量来解决学生体质下降问题，为国家发展、民族强盛奠定坚实的素质基础。尽快建立教育行政领导问责制、建立家庭、学校、社会三位一体的全民健身体系，制定《国家青少年学生体能干预标准》等措施。

马思远先生还对国家公布学生体质调查结果的局限性、模糊性和延迟性，以及对学生体质下降研究的局限性等现象，提出了质疑。

马思远先生也对较为繁杂的统计数据的分类、整合提出了建议，还呼吁要对统计数据的定性表述的规范化作出厘定，以求对中小学生体质状况的现状与趋势的表述更有可比性，更加科学、准确。

是为序。

卢元镇

2017 年 5 月于北京容笑斋

# 于军、刘天宇《幸福中国视域下的老年体育干预》序

中国社会急剧发生的老龄化趋势，给全社会造成了极大的压力，甚至酿成严重的社会问题。中国的老龄化是在没有做好各方面充分准备的情势下出现的。今天，许多老人不仅要面对身体的退行性变化、各种老年疾病，还要面对孤独造成的各种窘境，甚至还不得不接受空巢家庭、失独家庭等现实。个人心理的创伤、社会关系的冷漠都伴随着他们的晚年生活。

上述问题显然不是单靠医疗机构、用医疗卫生的干预可以全部解决的。而且我国医药卫生费用正在以每年20%的速度增长，其中80%用于慢性病的防治，慢性病导致的死亡人数占中国总死亡人数的85%，慢性病经济负担的增长速度远远超过GDP的增长速度。这一事实和这笔巨大的费用绝大部分已经用在了老年人身上。当今中国老年人增长速度非常之快，大中城市尤为严重。以北京为例，目前60岁以上的老年人已占全市总人口的20%，到2020年将超过25%，即每4个人中就有一位老年人。北京的各大医院已经成为全市最拥挤的地方，人流涌来涌去很像地铁站。

于是，作为非医疗干预的老年人体育应运而生，且很快受到老年人的欢迎，迅速普及开来。老年人体育已经与社会保障、社会福利、医疗保健、文化娱乐、继续教育、家庭赡养等一起构成了中国老年社会机制的组成部分，正在发挥越来越重要的社会作用。

笔者从尚未步出青年时代起就关注老年人体育，在1981年的硕士学位毕业论文中就提出"老年人体育是国外大众体育的旁支"的观点，现在自己也进入老年，亲自加入老年人体育的行列，还每月为老年刊物撰写一篇文章。在这一过程中，笔者深深感到对老年人体育的研究十分必要，提高老年体育研究的科学性势在必行。

近年来，对老年人体育研究的课题、论文、学术文章浩如烟海，但这些文字大多止于经验总结，很少有实证研究、定量分析，大多关注的是老年人身体的生物属性，很少涉及他们的社会属性以及心理品质。比如，关于老年人的摔跤问题，在分析原因时，大家着重讨论的是他们的肌肉退化、骨质疏松、关节无力、平衡减退等生理问题。其实，老年人摔跤也包含着一系列社会问题，绝大多数老年人跌倒时都处在孤立无援的状态，跌倒后都不能及时得到医治。这些问题绝不是做几节体操便可以解决的。

山东鲁东大学于军教授等人完成的《幸福中国视域下的老年体育干预》一书试图对老年人体育研究在人文社会方面有所突破，课题选用了幸福指数作为研究老年人体育干预的指标，对城乡各200名样本进行取样分析。课题将幸福指数化解为健康指数、福利指数、文明指数与生态环境指数四类进行分类统计，对城市、农村分别进行细化分析。在整体说明之后，又运用德尔菲法对体育干预提升老年人幸福指数的实施路径做了实证探讨，并在此基础上提出了实施方案。整个研究的逻辑是清晰的、一贯的。虽然在数理统计方面还可以采用更稳妥的方法，比如做是否参与过体育活动人员在幸福指数上的差异检验可以更加充分地说明老年人体育的重要性，但书中所获得的定量材料也已基本可以说明问题。

课题中的有些数据足以令人震撼，如城市组非常健康与健康人群总和不到30%，65%的老年人没有经历过较好的运动体验，近40%的老年人与子女关系不正常。农村组有72%的老年人以为体力劳动可以替代体育活动，80%以上的老年人患有身体劳损，其中腰痛达93%，四肢关节痛高达97%，该组老年人几乎都不知道如何运用体育来预防疾病，72%的农村老年人不知到何处可以获取体育服务。

《2030健康中国规划纲要》提出，"把健康摆在优先发展的战略地位，立足国情，将促进健康的理念融入公共政策制定实施的全过程"。建设健康中国的根本目的在于立足全人群和全生命周期两个着力点，要惠及全人群，使全体人民享有所需要的、有质量的、可负担的预防、治疗、康复、健康促进等健康服务，突出解决好妇女儿童、老年人、残疾人、低收入人群等重点人群的健康问题。要覆盖全生命周期，实现从胎儿到生命终点的全程健康服务和健康保障，全面维护人民健康。

从上面这段话中可以看出,老年人的健康问题和老年人健康的体育干预问题,已经纳入健康中国的视野,因此,我们需要更多的"于军"们继续在这方面开展更深入的研究。

卢元镇

2017 年 10 月于北京容笑斋

# 陶坤《中韩民俗体育庆典仪式研究》序

体育是一种奇特的文化，它与许多学科都有共通的语言，与许多事物都可以打交道，与许多社会现象都可以交融。这本名为《中韩民俗体育庆典仪式研究》的书要说的是体育与民俗庆典礼仪之间不一般的社会文化关系。作者选择了两个国家：中国与韩国；挑选了两个体育项目：龙舟与拔河；选用了两个研究概念：民俗体育与庆典仪式。

作者是湘西怀化学院的一位年轻老师，叫陶坤。十多年前他师从于我，攻读硕士学位。几年前他到了韩国，师从白南燮教授，攻读博士学位，这本书就是他的学位论文。

中国与韩国同在一个文明圈内，这个东亚文明圈是中华文明圈的一部分。尽管这些年来，韩国一直在推行"去汉化"政策，废止教科书里的汉字，更改汉字地名；在"申遗"过程中，搞了不少小动作，将起源于中国的端午节申请成为韩国的"非遗"代表作；还要将中医、活字印刷、韩服、汉字都说成是韩国发明的，就连孔子、西施、李时珍都突然成了韩国人。然而这一出出闹剧反而更加显现出韩国文化与中国文化之间的血脉关系。

当然，由于历史与地理的原因，韩国文化与中国文化确实存在着差异。特别是在民族性格、思维方式、道德伦理、家庭关系、待客礼仪等许多方面，两国有许多不同之处，在服饰、餐饮、家居方面更有很大差别。因此，拿中国体育文化与韩国体育文化做比较体育研究是可行的，有意义的。

中国的龙舟起源于南方的舟船文化与渔猎文化，图腾祭祀、辟邪驱鬼以及纪念屈原等要素丰富了龙舟文化。在历史上，江南诸省都有传统的龙舟竞渡活动，特别在湘楚一带、洞庭沿岸，形成了完整的民俗庆典仪式。在龙舟竞渡的日子，周边的民众都赶来围观，亲身感受庆典礼仪的气氛，自觉接受历史文化的熏陶，其意义远远超过体育竞赛胜负的争夺。

拔河起源于战国时代楚国，当时被称为"牵钩"。韩国的拔河起源于湖北襄阳，与祈祷作物丰收有关。拔河进入韩国后在绳子的制作、比赛的规则、比赛的日期以及民俗仪式上都有了较大的改变与发展，因此韩国将拔河也作为"申遗"项目报请联合国批准，并获得了成功。中国的拔河因为没有得到适时的文化包装，虽然也流传至今，但只能作为一项民间游戏健身活动。这件事让我们得到一个教训：同一文化在不同地区因运行轨迹不同，其结果也大相径庭。

究竟是民俗庆典活动造就、激发了体育文化，还是体育文化丰富、渲染了民俗庆典？很难回答。或许这是一个先有鸡还是先有蛋的问题。体育起源的多元论说，证明了劳动、教育、军事、宗教、舞蹈、医疗都与体育的发生有关。读了这本书，我们至少还可以说在体育源流中，民俗对体育的贡献也是不容忽视的。而以民俗学的观点来看，体育在民俗中更是无时无刻不存在并演变着。

庆典活动在民俗中占有重要的地位。庆典活动具有传统性，且规模大，占用社会资源多，常与宗教、巫术活动相关，是形成民间禁忌、习俗的重要方式，是民间社会教育的重要组成部分。在民俗庆典活动中，体育又占据着巨大的空间与较长的时间，大幅度、夸张的肢体动作，紧张、激烈的竞争场面，群情激奋的喧嚣，四处鸣响的锣鼓乐器，使庆典活动更加富有感染力与渗透力，可以成为四里八乡长时间议论的话题，其英雄人物更为人们津津乐道。

本书的作者选择了在中国取得文化延续成功的龙舟以及被韩国文化移植成功的拔河作为两件标本，将它们摆在民俗与庆典礼仪的背景下，讨论了一个如何保护与发展传统文化的问题，展示出了作者的文化胸襟和功力。

以上是我对陶坤先生这本大作的浅薄理解。作为序，也许牵强。

卢元镇<br>2017 年 11 月于北京容笑斋

# 马廉祯《美国体育与近代中国体育（1840～1937）》序

中国与美国的文化交流，由于众人了然的原因，做得多说得少，持正面立场讨论的论说更少。然而，事实是，每年前往美国的中国留学生数量惊人，每年中国在美式快餐厅的消费额惊人，每年欣赏好莱坞大片的中国观众数量惊人，每年观看 NBA 职业篮球比赛的中国球迷数量惊人……可以肯定，近代以来美国文化对中国的冲击、渗透、浸润，以至对中国文化产生的影响是深刻而久远的，甚至达到了无知无觉的程度。

马廉祯所著《美国体育与近代中国体育（1840～1937）》试图从一种正面、客观的角度审视在那个时期中美体育文化交流的过程与成果，还原那段历史以真实。长期以来，中国体育史对近代中外体育文化交流，尤其是美国对中国体育实践活动的开展和体育理论的建设的影响，大众对之噤若寒蝉，或浮光掠影，似有似无，或浅尝辄止，不敢深究。所以，马廉祯这部书的问世就尤显学术价值。

为什么美国体育在对华文化交流中可以作为一个独立的体系进行研究？

这是因为在美国崛起的过程中，始终把体育置于重要的地位：体育与美国价值观浑然一体，体育与美国价值追求息息相关，体育与青少年成长密不可分，体育与社会发展步调一致。在美国人的心目中，体育运动甚至比政治、经济更为重要。因此，在美国对外文化交流中，体育居于高位。尽管这种交流多以民间形式存在，但他们在这一过程中同样自觉不自觉地输出了附于体育之身的美式价值观。于是常常遭到一些人的反感，斥之为"文化侵略"。

那么，在那个历史时期，美国体育对中国体育产生了哪些影响呢？又有哪些至今还在潜移默化地起着作用呢？

在美国入华之前，英、法、日等国早已先行踏入华夏，他们带入的体操、学堂、学校借洋务运动之风已小有规模。美国人最开始传进来的是一些运动项目，如划船、网球、打猎、赛马等户外活动，同时传入了"sport"一词和生活休闲方式，那时体育传播的方式止于他们兴办的教会学校。从此"体育以其跨越文化隔膜的特殊能力，逐渐在中美之间担当起越来越重要的责任"。

近代中国由美国人创办、或者主要参办的幼儿园、中小学和20余所基督教高等学校都不同程度地将体育纳入现代教育的视野，这种体育教育将一种"全新的，粗糙的，身体性的，具有侵略性的男性青年文化"，去冲击中国主张文弱少动的儒家文化。因此，野蛮的美式足球在大学得到蓬勃发展，一批公共体育设施在此时得以建造。

对基督教青年会在文化交流中所起的作用，特别是青年会对近代中国体育发展做出的贡献，给予客观、公正的评价是需要文化自信和肚量的。在推广体育文化的过程中，青年会成员表现出的敬业精神和团队精神，是令人钦佩的，与体育所追求的忘我精神非常契合。在那个时期发生的"土洋体育之争"造成了中外体育文化交流在认识上的一次升华，这场争论虽然以折中的方式告终，但证明了"中国体育人在理智上已经觉醒"。

体育运动进入竞赛与运动会频繁发生的阶段，印证了它的成熟。一方面，证明了民众对竞争、规则、平等、权力等一系列社会概念产生了直观的认可，竞赛的参与者之间已建立起牢固的价值认同，这对于一个非市场经济社会是难能可贵的；另一方面，也证明运动会这一新生的现代体育组织模式已经在中国生根。美国人帮助建立起来的我国早期运动会体系，使体育当时在中国的发展产生了质的变化，拉近了中国与世界体育，乃至世界文化之间的距离。今天，我们仍然能从现行的竞赛体制中看到当年体制的痕迹和影子，可谓功莫大焉。

当体育发展到一定高度的时候必定要去寻求理论支撑，五四新文化运动推动了体育理论建设的进程。最初阶段的体育理论建设是靠引进完成的，在中国，宋君复、吴蕴瑞、袁敦礼、方万邦等一批体育学者们初步建立起了我们自己的理论系统以及竞技体育与大众体育的基本架构，他们为体育理论的本土化奠定了基础。在美国，不得不推崇威廉姆斯和麦克乐二人的努力，他们都提倡身心一元的体育教育，且都是自然体育的崇尚者。前者认为体育具有促进健康的功能，坚持了体育是一种社会文化性的定义方式，并在人体测量学与竞赛规则设定、运动组织制度的规划等具体操作上也颇有建树；后者的体育思想介乎于赫尔巴特教育思想与杜威实用主义教育思想之间。麦克乐始终相信，在维护人的健康方面，体育具有预防人体心理与感情不稳定的作用，体育最主要的目的是对身体的发展。

有趣的是，中国的几位体育理论学者在推介美国学者的学术观点时有不同的取向。马廉祯在研究过程中对美国的原著与中国学者所著的不同版本的《体育原理》之间做了精细的分辨。这种严谨的治学态度在全书中多有表现。

马廉祯是一位家学渊源的年轻学者，其父是著名的史学家马明达先生，是马氏通臂拳的传人。他自幼习武，敏于事而讷于言，深受中国传统文化熏陶而多才多艺，多年留学海外而谙熟中外文化交流。现任健公书院掌门，传授中国传统弓箭之道。他著述丰富，《美国体育与近代中国体育（1840～1937）》为他博士学位论文。

当今世界格局大变，构建"人类命运共同体"的提法已被多次写进联合国文件，达成世界共识。而人类命运共同体的实现，必须要有相近的价值观念作为思想基础，否则必陷貌合神离、同床异梦。这篇论文能得以成书出版，或许可为构建这一思想基础提供一个实例。

卢元镇

2017 年 11 月于北京容笑斋

# 陈秀娟《我国体育体制改革深化的动力机制探究》序

中国的体育体制改革，尤其是竞技体育体制改革，是一个沉重的话题。十多年前在一次会议的休息时间，我与国家发改委的一位负责社会发展的官员交谈，我询问他："就你所掌控范围，即文化、教育、医疗卫生、科技、体育各行业，哪个改革最滞后？"他说："当然是体育啦！体育基本上维持了计划经济时代的体制，没有本质的变化。"

2008年北京奥运会开赛前，理论界、舆论界和社会民众都对奥运会后中国体育体制改革寄予厚望，认为在这次竞技体育的国际盛会之后，必定迎来中国体育改革的最佳时期，可以为下一个体育的高潮的到来做好制度性准备。然而，3年过去了，体育改革严重滞后的问题始终未能提到议事日程上来。对"体育强国"的热议之声淹没了体育改革之音。与此同时，体育部门陷入了周而复始、花样繁多的运动会事务，根本无暇思考体育的改革、体育的发展战略、体育的法制化建设问题。于是，短期行为长期化、急功近利常态化成为体育工作的特点。

于是，预料之中的许多问题接踵而来：足球冲出亚洲的意愿再度落空，一批足球高官反因黑哨、官哨、赌哨银铛入狱；几个传统的优势项目，如女排、男篮，成绩大幅度下滑；"年龄门""乞讨门""裁判门""群殴门""被代言门"等恶性事件……一波未平，一波又起。舆论和民众对这些问题的格外关注和渲染，其实都隐含了对中国体育体制改革"不作为"的不满和批评。

主管高水平竞技体育的一位国家体育总局高官心情沉重地说："我无论是在检查备战的过程中，还是平时工作中，都能感到一些官员、教练员和科研人员在自己的专业上太平庸，对项目的训练理论和训练方法且不说有什么真知灼见，甚至连一个完整的观点都没有；工作中无思想业务个性，而在学术探讨中过于谦卑、过于从众、过于乖巧,甚至圆滑世故。"今天看来,我们有些项目多年来在多届大赛上不去的原因已十分明显,不是客观物质条件的限制,而是思想平庸导致科学精神的泯灭,使得整个项目的圈子内缺乏学习进取的氛围,用一句网络语言叫作"他们忙并肤浅着"。

于是,他反躬自问:"我们对待竞技体育达到的精神高度有多少?"

陈秀娟的博士论文《我国体育体制改革深化的动力机制探究》在北京奥运会开赛前开题。她怀着上文提到的对中国体育改革的热望,引进了新制度经济学、公共选择理论,回顾了中国体育改革的艰难进程,比较了国外不同体育体制的优劣,终于执住了我国体育体制改革深化的核心——利益。体育改革的本质是利益的调整,体育改革核心问题是政府对于制约体育体制改革的各种制度的建设,体育改革停滞的原因在于利益格局的失衡、扭曲和固化,体育改革的前景则是实现利益的均衡性、经济性、开放性和利益的多元化以及运行的双轨制,使尚未形成独立的利益主体的体育社团和市场主体逐渐走向成熟。改革的根本动力是国家所代表的民众利益。体育改革的外源性动力是经济、政治、文化和国际体育的发展,内源性动力主要是利益、制度创新、观念创新和科学技术创新。

陈秀娟,人如其名,是一位秀丽娟美的山东女孩,性格执着而顽强。她是真正意义的体育人,当过运动员、健美操教练、大学体育老师,连续三年报考博士,终于考上了华南师范大学的博士生,师从于我。她对体育爱之深,便责之切。对中国体育前途的厚望,激发了她对体育改革研究的热情。她对中国体育的种种弊端敢于针砭,这篇博士论文虽动笔于北京奥运会开赛前,但至今仍不失其理论价值。今得以出版,至少算是给当前的一泓静水投下了一块石子,愿它能激起一波涟漪。

是为序。

卢元镇

2011年盛夏于北京容笑斋

# 李德祥《哈尼族体育》序

我与哈尼族有一点情缘，因为我出生在抗战时期的昆明，至今对云南的事物总保持着一种追寻其由的兴趣，这是一个遥远的原因。而切近的原因是我结识了云南师范大学体育学院的李德祥先生，他是一位地地道道的哈尼族人，与他谈话时，每十句话中他总会带出几句"我们哈尼人"，其自豪感溢于言表。

我第一次见到他是在北京体育大学的一次研究生的联欢晚会上。他身着哈尼民族白色服装，腰系红丝绦，头扎红飘带，手持钢刀，威风八面地步入场地中央做武术表演。顿时雄风四起，刀光剑影，腾闪跃飞，显出一条哈尼好汉的英雄本色。在惊异之中，我结识了李德祥先生，也认识了勇猛彪悍的哈尼体育。

之后，我们有了多次的交谈，我们谈到了刚劲的哈尼武术，谈到了奔放的哈尼舞蹈，谈到了独具特色的哈尼猎刀，进而谈到了淳朴的哈尼习俗。在谈话中，我还知道了李德祥先生的身世：他的父亲曾是哈尼一个部落的首领，他的母亲是一位德高望重的医生，因此，他不得不在"文化大革命"中付出了沉重的代价。他在苦难中度过了自己童年和少年时代，在山林中学会了一套求生的本领，也在哈尼文化中熏陶出了对哈尼体育、舞蹈、医术的悟性。在与他的交谈中，我深深感到哈尼文化的博大，哈尼体育更是一篇应该介绍给全世界的大文章。于是我的心底深处，就有了走近哈尼族、了解哈尼体育的强烈愿望。

不久，李德祥先生有报考我的博士生的想法。他的这一想法是在去澳大利亚进修和到北京体育大学深造二者之间进行选择的结果。他毅然放弃澳方给予的资助而进京赶考，我为之感动，也深知他将来一定可以完成一篇有分量的论文。然而遗憾的是，因为他外语考试的失误，未能考上。中国的博士生招生制度弊端不少，一批有才华、有个性、有发展前途的学子因一张卷子而被隔绝于外，实在让人扼腕。

一年之后，接到李德祥先生的信，嘱我为他的近作《哈尼族体育》写序，这是预料中的事。这本来应该是他博士论文的基本素材，现在提前问世了。不管怎样，书写出来了，总是一件值得恭贺的事情。

哈尼族是文化底蕴丰富的民族，李德祥先生代表着新一代哈尼人精神，愿他和他的同胞们的努力为我们深入了解哈尼文化提供新的线索。

是为序。

卢元镇<br>
1998年10月于北京容笑斋

# 王和岐《王和岐诗词赋选集》序

和岐先生，好字、好文、好诗，好人。

我与和岐先生结识在五十多年前。那时我刚刚大学毕业，分配到山西长治潞安中学，任教体育。他当时是高一学生，并不起眼。几个月后，"文革"开始，轰轰烈烈，闹闹哄哄。一晃10年，我们就此别离，再未通信息。数十年中，我们二人竟走出了两条完全不同的人生道路，最终殊途同归，都与文字结缘。因修订《潞安中学校史》我们得以重逢，此时我已年过七旬，垂垂老矣，他却依然精力旺盛，终日笔耕不辍。他主持校史编写工作，向我索序，我们之间有了频繁交往。在多次文字交流后，方知他不仅写得一笔好字，撰得一手好文，吟得一腔好诗，且热心公务，乐善好施，堪称好人。今日捧得《王和岐诗词赋选集》，颇感文字、情怀与人品积累下的那份厚重。

中国传统文化中，琴棋书画、诗词歌赋一脉相通，甚至国医武术、养生保健也可以同归一体。有名家称，习书法者不懂诗词，便永远难成书家。反之，亦然。确实如此，欣赏诗词名家的书法作品，深感诗词的内涵融入了落笔的间架行款之中，流动于笔墨的深浅浓淡之处，会给人一种有形与无形浑然一体的感觉。

和岐先生似乎正是按照这一文艺规律在做双向融合的探索。他的早期作品诞生于矿场，那应该是因"文革"离校后的第一份工作。那时他的诗歌虽稚嫩，但充满了对生活的热情，是底层生活人群的心声，是对劳动与劳动者的讴歌。转为文人生活后，他的诗词逐渐变为多元、多向且老炼纯熟。无论是书斋的闲情逸致，还是学堂的传木铎金，无论是老友的酬和应答，还是乡愁的短吁长叹，无论是对大好河山的咏唱，还是对书画戏曲的赞许，都可以读出作者的文学功底，感受到一颗滚烫的心。

我喜欢读诗，朗读现代诗，但很少写诗，更将严谨的古诗词格律视为畏途，从不敢涉足，更不敢妄评。和岐先生请我为他所著诗词赋选写序，诚惶诚恐，却之不恭，只好勉力为之，惶惶然落笔。一生中常办错事，这恐怕又是一桩不知山高水深的错事。

  是为序！

卢元镇<br>2019 年 7 月于北京容笑斋

# 《体育的社会文化审视》自序

作为人类文化一个重要组成部分和作为社会系统中一种最活跃变量的体育运动,与社会文化之间保持着一种必要的张力。社会大系统的改造无疑要考虑到体育运动这个参数,而体育运动的改革和发展必须顺应社会文化的变革。体育运动与社会经济之间的协调发展,就是调节这种张力;而体育运动各部分之间的协调发展,也必须在社会文化的视角内加以算度。

体育改革,这是一个世界性的议题。全球性的大众体育的热潮在改革中推进发展,各国学校体育在改革中探索前进,奥林匹克运动会在改革中寻求出路,这是因为在日益缩小的地球上,体育运动正在膨胀,正在迅速地向国际化方向发展,各种异质文化的交融,使改革成为当今世界体育的一个重要的特征。东方在改革中模仿西方的某些做法,西方则在改革中称道东方体制中的某些长处。中国体育文化如何与异质文化进行交融,如何解决其冲突,如何保留中国传统文化的优势,一直是我们苦苦追求的。

体育改革,这也是一个永恒的话题。因为在当今各种社会文化活动中,体育运动是一个最活跃的基因,在竞争对抗法则的摆布下,它必须时时寻找一个最佳的位置。20世纪最后十余年的中国体育,是在两股时代潮流的汇合点上求生存、求发展的。这第一股潮流是中国市场经济的发展和相应的经济体制不可遏制的变革。今后的各种社会现象,包括体育,最终都需要也必须从这场社会经济关系、经济结构和经济利益的伟大变革中寻找根源。这第二股潮流是世界体育运动的发展和它自身躁动着的改革倾向。中国体育运动的国际开放,特别是与奥林匹克运动的拥抱,注定了中国的体育改革也必须顺应这一世界潮流。

凡生活在这样一个剧烈变革时代并具有历史使命感的体育理论工作者,都会被体育改革的魅力所吸引,都会为改革的前途命运而思虑,都会为改革、发展道路的选择各抒胸臆,当然,也都会为体育改革和发展的辉煌成就而讴歌。无可讳言的是体育的改革总是会滞后于其他领域的改革,在社会主义市场经济的理论尚不成熟的时候,体育的改革方向就难以充分明确;当社会结构的整合和分化刚刚起步的时候,体育的改革也难以确认自己在未来社会中的位置;当多元文化的形态出现在东方的地平线上的时刻,体育也就看到了照在自己身上的曙光。然而,体育不仅仅是为社会驱动的被动体,她会积极地参与整个社会的剧烈变革,并为这一变革涂上一抹光焰夺目的色彩。

笔者回顾、整理了近年来曾在各类学术刊物上发表过的部分文字,将它们依社会文化的线索贯穿成册,献给中国的体育改革事业和为中国体育事业呕心沥血的战友们。作为体育社会学工作者,以及从事体育文化研究的学人,有幸能够将体育与社会、文化联系起来,为中国的体育改革谈一点自己的意见,这既是一种无可推卸的责任,也是一次难得的人生机遇,尽管这些观点多是稚嫩浅薄的。

十分感激北京体育大学将这部文稿作为学术专著面世,十分感激金季春、田麦久、张万增、池建、任海、吴枫桐等领导和专家在审阅该书稿时提出的宝贵意见和建议,他们的意见都是非常中肯、有见地。

卢元镇<br>1997 年 3 月于北京容笑斋

# 《第二次全国群众体育现状调查研究（2001）》序

　　2001年中国群众体育调查是中国群众体育周期性系列调查中承上启下的一个重要环节。这次调查引起了社会广泛关注，被列为国家哲学、社会科学基金重点项目。

　　这次调查是在1997年第一次调查的基础上，从2001年7月开始对我国群众体育的发展现状进行全国范围的抽样调查。1997年《中国群众体育现状调查与研究》的成果，弥补了我国群众体育长期情况不明、缺乏统计资料的空白，对建立群众体育概念体系，评价我国群众体育发展程度，为群众体育发展的追踪研究提供基础条件。本次调查对检验《全民健身计划纲要》第一期工程的5年实施效果，全面认识我国群众体育的进展情况，探讨影响我国群众体育的社会因素，探索其发展规律与趋势提供了根据。同时，也为我国各级各类群众体育管理机构、组织的决策提供科学依据。

　　这次全国范围内的调查采用分层随机抽样方法，调查覆盖了全国东、中、西10个省市自治区，106个区县，有效样本数达7994份。动员各类院校师生及相关人员逾2000人。他们来自北京体育大学、沈阳体育学院、武汉体育学院、天津体育学院、南京师范大学、东北师范大学、华南师范大学、内蒙古师范大学、西南师范大学、西北师范大学、河南大学等高等学校。此外，中国社会科学院，以及相关省、市、县级体育行政部门都给予了大力协助，得到了近8000名被调查者的积极配合。在此，我代表国家体育总局对所有参与这项调查工作的同志所付出的辛勤劳动表示诚挚的感谢！

　　本次调查结果表明：《全民健身计划纲要》第一期工程达到了预期目的。2000年我国16岁以上的体育人口达到18.3%，比1996年增长了2.8个百分点，净增加1000万人，年均递增250万人，体育人口增长速度高于人口出生率，新增体育人口总数相当于欧洲一个中等国家全国的总人口数。

高学历文化程度的体育人口在该人群中的比例明显提高，比1996年上升了20.2个百分点，体育人口与文化程度基本成正比，体育人口的文化程度分布更加趋于合理。说明知识分子的体育参与情况和身体健康状况有所改善。有近四成不参加体育活动的人准备在条件合适的时候重新参加体育活动，这个数据比1996年有所增加，说明全民健身计划的宣传起到了一定的作用，群众的体育参与意识逐步提高。城乡居民群众体育活动场所仍然以公园、居委会空地、街头巷尾、江河湖畔等非正规体育场所为主，然而利用单位、学校、社区所拥有的体育设施进行体育锻炼的人数有所增加，达到体育人口的28.8%，社会体育指导员的作用已经开始显现，但是组织管理模式仍以自发组成、自主管理为主。调查结果还显示，体育的市场消费方式已经开始形成，体育人口中对体育市场的消费承受能力在提高，消费价格预期在上升。我国城乡居民以家庭为单位全年平均体育消费为397.42元，这个数据正在逐年增长，体育产业和体育市场的前景向好。这些都与《全民健身计划纲要》一期工程的目标基本吻合，做到了"经济社会和体育发展程度不同的各类地区，经常参加体育活动的人数都应有所增长，人民体质明显增强，群众参加体育活动的时间、体育消费额等逐步加大，群众体育健身活动的环境和条件有较大的改善"。"初步建立适应社会主义市场经济体制的全民健身管理体制，初步形成人民群众广泛参与、充满发展活力的运行机制，建立起社会化、科学化、产业化和法制化的全民健身体系的基本框架。"

尽管本次调查显示出我国城乡居民参加体育活动的可喜一面，但是也暴露出一些问题。集中表现在：体育意识和体育观念有待提高，学校体育与社会体育的衔接还存在较大问题。调查发现，有四成城乡居民仍然不打算参加体育活动，多数人在20～30岁就中断了体育活动，致使我国城乡居民体育人口年龄呈现出两头高中间低的"马鞍型"分布结构，且有加剧的趋势。如果这种现象继续延续下去，势必会影响我国的人口质量，甚至还会威胁社会进步。还有一项数字变化值得重视，即关于居民的余暇处置方式。其中的体育活动从1996年的第三位下降到第五位，余暇时间的浪费十分严重。在双休日制度的实行，社会余暇时间大量增加的情况下，指导人们科学、健康、合理地善度余暇已经成为一个重要的课题。

到2010年，《全民健身计划纲要》第二期要实现的奋斗目标是：努力实现体育与国民经济和社会事业的协调发展，全面提升中华民族的体质与健康水平，基本建成具有中国特色的全民健身体系。为实现这一目标，我们还有许多工作要做。

我国是已经进入老龄化社会的人口大国,也是一个从小康社会步入中等富裕水平的国家,民众的体质问题和健康问题仍然十分严重。大力开展群众性体育活动,增加体育人口,改善体育人口结构,建立起一个多元化的全民健身服务体系是我们的重要任务。相信通过全国体育工作者和全国人民的努力,这个任务一定能够圆满完成。

卢元镇

2001 年 7 月于北京容笑斋

# 《中国体育社会学评说》自序

20年来，我为体育说了许多，也写了不少，于是就积下了一沓沓的讲演词和文稿。这些消失在话筒前的声音和留在纸上的文字，表达了我对体育，特别是对中国体育的一片拳拳之心。我自认是理想主义者，由于对中国体育爱之深，对中国体育中出现的污垢和肮脏就恨之切。于是就经常发出一些激烈的批评意见和不同的声音，让他人为之侧目。所以我往往被人派到"另类"群里，享受到"另类"特有的礼遇。在许多会议上，逢我发言，窃窃私语者立即安静下来竖起了耳朵，大大提高了记录者工作热情，仿佛在期待爆炸性新闻的出现，会后又往往会得到更多的"赞许"和怂恿。就我的身世，本应学得乖觉些，跻身"歌德派"的行列里。但我痴心不改，恶习依旧，于是就有了这本集子的问世。原想把书名定为《中国体育批评》，效仿一下"文学批评"之类的用语，但在中国，"批评"一词是与"表扬"对立的。避嫌吧，就用了《中国体育社会学评说》作为书名，将来被别人批评起来也容易上口些、容易记忆些。

中国知识分子的悲哀往往在"入世"与"出世"的选择上，往往表现在理论与政策的分歧上。记得有一次我在日本仙台宫城教育大学讲学，讲完话后，一位日本教授提出了一个兼有挑衅性、挑拨性的问题："当你们社会学家与政府官员的意见发生冲突的时候，怎么办？"我说："三句话：第一句是双方尽量协调一致，我们经常能做到；第二句，当不能做到时，学者服从官员，因为权力毕竟在官员手里；第三句，而最终官员一定会服从学者，因为学者毕竟更接近真理。"这第三句话在这本书里或多或少有所体现，这是我保留下来的年头稍微久远的几篇文章的缘由。

书中选入了十几篇千字文式的杂文，大多是杂志的卷首语。写这种文章，我至今视为畏途，虽字斟句酌仍容易闯祸。还选入了几篇演讲稿，是在国内外讲学时用的，为了不至于下不来讲台，当时是费了一番心力的，好像现在也还没有完全过时。为了表达思想的连贯性和系统性，仍保留了我的旧作《体育的社会文化审视》中的几篇文章，倒不是为了多凑字数。因为种种原因，那本书在出版时就未得到一分钱稿费，所以也没有骗取稿费的嫌疑。在中国市场经济大潮中，能出书，能出理论书籍已经是一种恩惠了，所以特别感谢北京体育大学为我出版了那本书。那本书的印量不大，许多人来索要，但已经告罄了。

一本书问世，对作者而言如婴儿呱呱落地，但如果是畸形儿，就有很大麻烦，然而毕竟是自己的孩子，必须对他负责到底。交出书稿喜悦之余，便同时萌生了惴惴不安的情绪。这就是我此刻的心情。

卢元镇

2002 年 7 月于北京容笑斋

# 《全民健身与生活方式》自序

我们正在经历着一场壮丽的社会变革，我们目睹着从农业经济、工业经济向知识经济的过渡，我们享受着从短缺经济向过剩经济转变带给我们的物质恩惠，我们感受着从劳动生产方式经济向休闲生活方式经济转化的种种适应与不适应。可以说，我们是中国历史上最为深刻地体验到生产方式与生活方式变革的最幸运的一代。

生产方式与生活方式的变革，使我们放弃了许多事情，我们曾为之殚精竭虑，如梦寐以求分配到一套住房，战战兢兢地用粮票去换几只鸡蛋。而我们今天也不得不去接受一些新的事物，建立新的价值观念，想一些、做一些新的事情，而这些事情，如买房子、买私家车、洲际旅游，在10年前还是那么遥远，或许被认为是儿孙辈们才能企及的。

但是，当生活发生这样剧烈变革的时候，我们是否思索过这样一些问题：当餐桌上的食品越来越"欧化"时，我们体内的物质构成正在发生什么变化，哪些疾病正在"恭候"着我们？我们手握遥控器用红外线代替手臂时，是否意识到了我们的肌肉正在萎缩，肢体的功能正在退化？当桌上的文件报表堆积如山，电话铃声不断，是否感到焦虑重重、心力交瘁？面对种种压力，我们的身体与心理能否跟得上时代的节拍？当生活节奏越来越快的时候，我们的行为方式、情感方式、思维方式如何跳跃前进？当我们的生活空间越来越大，余暇时间越来越多，我们又如何来把握生活的质量？

我们强调改善生活方式，热衷提高生活质量。这时，一个重要的问题严峻地摆在面前：体育运动是否被你忽略了，在你的生活方式中体育运动占据什么地位？你是在观望等待，还是在热情参与？你的体育态度与行为能否协调一致？当你进行各种消费的时候，是否给了体育一个份额？在你充裕的余暇时间里是否有体育娱乐的一席之地？

体育与生活方式的关系引起了人们的高度关注，一些新的概念正在形成，"体育进入生活""体育生活方式""生活体育"等成为不少国际组织的行动纲领，成为许多国际会议的研讨主题。在我国开始推行《全民健身计划纲要》的时候，明确地提出了全民健身活动对改善生活方式、提高生活质量的意义与价值，我们撰写本书的目的就在于给生活方式一个来自体育与健康的诠释，并给体育健身一个进入生活方式的说明。

谨以此书献给追求健康、科学、文明、合理生活方式的人们，献给关爱生命、热爱健康、积极参加体育健身活动的人们！

卢元镇

2000年盛夏于北京容笑斋

# 《中国体育文化纵横谈》自序

2002年秋天，我曾编了一本集子《中国体育社会学评说》。一晃两年过去了，又到了一个收获的季节，我将近年的40篇拙作，凑成了这本新的集子，献给读者。

中国正处在一个急骤变化的时代，在这个动感十足的社会里，体育是最活跃的因素之一。一些巨大的变革正在我们身边实实在在地推进着，让我们时时体验到它的脉动。诸如走向现代化、实现社会转型、全面建设小康社会、休闲时代的到来以及城市化的进程等，常常会出现在体育的领域里。我们在如此宏大的社会背景前讨论体育问题的时候，常会感到心胸开阔，责任非凡，但也会感到力不从心。

2008年北京奥运会给中国带来的话题是多方面的。史学家认为，中国的近现代史就是一部中外文化的交流史。那么，中国与奥林匹克文化之间的种种关系则是这一文化交流的缩影和写照。当奥林匹克运动会来到中国的时候，我们不仅想到如何在政治、经济、文化、教育等方面利用它，以加速中国的现代化，更想到我们应怎样用东方体育文化来涵养它、补充它，还想到如何用东方体育文化来平衡它、牵张它，以防止世界体育文化多元化格局的破碎。

在这本书里，我还选择了几篇体育文学习作，包括我写的几首短诗和几篇散文和书评。多年来，我一直对中国体育，特别是竞技体育与体育文学之间的不对称发展，即前者的辉煌和后者的凋敝而感到忧虑。一个国家的科学技术和文学艺术应该是体育的左膀右臂，失去文学艺术的滋润，体育将会陷入"科学主义"的泥淖，而置体育的人文精神于不顾。要让体育插上文学的翅膀翱翔，就需有更多的年轻朋友在这一领域进行开拓。

而在各类体育文章（包括博士论文）的写作文风上，我也一直主张要有文采，要有可读性，反对那些面目可憎的八股体。不管它是非中非西的

"洋八股",还是不古不今的"土八股",都是不足为训的。

  十分感谢任海和王章明两位先生为本书作序。他们对体育和体育科学所展现出来的热忱,让我感动,但他们对我的溢美之词,令我汗颜和不安。也十分感谢胡小明先生,几年来他一直是我的第一读者,他给我的指点和帮助常常使我感到意外,有时要品味许久,才能将他的忠告慢慢消化吸收。还要感谢博士生于永慧,她为编辑整理书稿做了大量的工作。

卢元镇

2004 年秋于广州容笑斋

# 《中国体育文化忧思录》自序

今天是7月13日,是中国申奥成功五周年的纪念日,距离北京奥运会的开幕也只剩整整两年的时间了。可以预料的是,在今后的日子里,"体育"将成为我们中国人民生活中使用最频繁的词语之一。回顾历史,中国体育也从来没有享受过这样一份殊荣。

奥运会临近,人们如同春节到来前的孩子,狂喜之情溢于言表。当然,也有人开始考虑2008年后的事情。可以预料的是,一场巨大变革的暴风雨即将到来。有人开始为捍卫现有行业垄断体制高唱挽歌,有人打出恐吓牌,请出了宋朝的秦桧冲着万箭齐发的改革充当挡箭牌,但中国体育改革与发展的潮流终归势不可挡。书中《2008年后的中国体育》就是在国家体育总局奥林匹克研讨会上的一篇命题发言;《奥运会举办国:对群众体育的承诺》是一篇旁敲侧击的短文;而《为了金牌,政府太累》则从另一个角度对现行体制提出质疑,这篇文章的原题是《金牌,不以政府的信誉做担保》,中央党校《学习时报》的主编妙笔生花,改成了现在的题目,一下从警示变成了劝诫,这样就更容易为人所接受。

2005年以来,不知什么缘故,我突然进入一个写作的旺季。一方面是来自编辑部的"诱惑胁迫",另一方面也是自己感到骨鲠于喉,不经意中在几家报刊上登出了几十篇文章,加上以前未收入集子的几篇文稿,竟凑出了一本新的集子。《巴塞罗那的恩恩怨怨》就是1992年写的一篇散文,当时被海内外多家报刊刊载。我曾野心勃勃地想以后每一届写一篇,然而未能如愿,不能亲历,靠第二手材料写东西总归不太生动。

选定书名常常是我最感到困惑的事情,思来想去,最后用了一篇文章的篇名《中国体育文化忧思录》。这个题目或许反映了我对中国体育的基本思绪:生于忧患,死于安乐。

2005年秋在成都开会期间,来自全国各地的朋友在一起吃饭。席间,一位教授不知是喝多了酒，还是什么其他缘故，突然对我说："卢老师，你是一只半夜三点叫的鸡！"我听后惶惶然不知如何应答。我想一只在半夜三点就叫起来的鸡会让主人生厌，令四邻不安的，于是离宰杀就不远了。进而一想，它毕竟还会叫，比那些连打鸣都不会的雄鸡总多一点活力，比那些大家都叫起来，它才应声附和的公鸡多少有点朝气。于是，我就心平气和了。进而一想，如果这句话可以演绎成一则寓言的话，结论应该是理论工作者（包括体育理论工作者）应该有一点早叫的勇气，尽管可能命运多舛。

2000年我从北京调到广州，我常在两个城市间穿梭往来。当时广州正在筹办第九届全运会，全市像一个大工地，而北京正在筹办第21届世界大学生运动会，也像一个大工地；今年广州亚运会工程已紧锣密鼓要动工，又将成为一个大工地，而北京奥运会已给北京这座古城做了"大手术"。我真正感受到了体育的感染力和影响力，如果电视台有这样一个节目：选择一个可以"感动中国"的行业，新世纪的前10年当归体育莫属。然而这是喜还是忧？难以回答。一个和谐社会的体育究竟应该是什么样子？我在思索。

卢元镇

2006年7月于北京容笑斋

# 《北京市东城区社区体育实用手册》序

　　我国全民健身活动已经逐步进入了法制化管理的阶段，其重要标志就是《全民健身计划纲要》的颁布；我国城市社区体育的发展也逐步进入了理论深化的阶段，许多过去出于摸索、探讨的事情逐渐变得明朗起来，一些有关社区体育的概念、特点、内容、方法，其工作经验正逐渐走向成熟，并形成系统理论。

　　为了进一步推动社区体育的发展，指导基层体育的工作，北京市东城区全民健身工作委员会办公室编写了这部《北京市区城区社区体育实用手册》。这部手册全面、系统地总结了社区体育的概念、构成要素、体育生活化社区、奥林匹克·体育生活化社区、社区体育组织的管理结构、社区体育俱乐部、社区晨晚练活动辅导站、社区体育的评价、国民体质测定、社区体育活动与竞赛组织，以及组织开展区域性大型体育活动等方面的内容。书中还较为详尽地附录了相关的法律文件。更为可贵的是，将相关的法律条款摘录出来，可供管理人员和社会体育指导员直接、便利地使用。

　　北京市东城区在体育工作，特别是全民健身活动方面一直走在全国的前列，成为全国、全市的一面旗帜。他们推广黄化门街道的经验，率先提出的"体育生活化"的口号，将全民健身落实到家庭，这一经验迅速在北京市和全国得到认可和推广。继而，他们又将全民健身活动覆盖到职工人群，提出"在职健康"计划，使全民健身的普及工作走向纵深。今年，他们又提出"奥林匹克·体育生活化社区"的概念，试图将全民健身与奥林匹克文化、奥林匹克精神相结合，开展更有文化特色的社区体育活动。因此，可以说《北京市东城区社区体育实用手册》出现在北京市东城区绝非偶然，这本书的实用价值也是可以预见的。

在此，非常感谢该书的编创人员，他们为全民健身的进一步普及与推广，为社区体育工作水平的提升做出了重要的贡献。

卢元镇

2011 年 5 月于北京容笑斋

# 《微言小议》自序

  微博，似日记，像随笔，类札记，同笔记；可独白，有互动，是高科技、自媒体与社会群体性发展的结合体，我与它朝夕相处已有五年之久。
  2012年5月底，受几个老友怂恿，我开始上微博，每天在上面写点东西，准确地说，写点东西，并无一贯到底的主题，也没有固定的章法。看到什么，想到什么，就写点，每日少时一则，多时五六则。过去的文人都说千字文最难写，现在才知道140字的"格式体"文更难，要在每条微博上表达一个完整的想法，真要搔首拈须，反复推敲斟酌。我真希望中小学语文老师可让学生写写微博，以提高文字表达精练直白的功底。
  埋头写书不知什么时候才能落到读者手里，给报刊投稿又不知编辑们是什么"口味"。只有在微博上可以放开思想，信笔由缰。可在会场教室里写，可在列车游轮上敲，可在家里电脑前端坐写，可在病榻上用手机即兴写。微博的最大好处是可以在几秒钟后就得到朋友们的反馈，或赞扬或吐槽。在浩瀚的以太世界里，我与读者之间变得很亲近、很友好。我的粉丝不多，但也有一万多人在与我打交道，这或许是我能坚持写微博至今的原因之一。
  微博是博客的取代者，而最近微信兴起，微博式微。微信保留了微博联络的功能，加大了传播的能量，放开了字数的限制，限定了读者的范围，因此更为方便，也相对安全。在微博最时兴的几年里（2012—2015），我利用它实现了自己与社会的沟通，锤炼了自身的文字。最近，有朋友建议我，将已写就的两千余则微博整理出来，做成一个册子，因为有些朋友不上微博看不到。广东嘉应学院林文贤君十分有心，4年来已悄然将这些小文编辑在一起，并根据文字内容分门别类规整，并做目录。读到他整理出来的书稿时，我十分惊讶，更是万分感恩。
  书名定为《微言小议》。古有"微言大义"之论说，也有"人微言轻"

之谦诚。此处的"微"出自"微博","小议"则是说说而已,既有别于"重要讲话"的大议,也不同于"一士谔谔"的铮铮谏言。

卢元镇
2016 年秋于北京容笑斋

# 《深一脚浅一脚》自序

"家学文史哲,喜爱数理化,落脚跑跳投",我常常这样介绍自己的人生轨迹。

成为一个体育人,我并无悔意。一生中多有几次可以踏上官场或商场的机会,但都却步而回。总以为体育是我的本行,我的大爱,我的立身之本,在体育的圈子里我可以如鱼得水,随心所欲。静下来一想,自己竟在体育这一行度过了五十年的光阴,早已过了花甲之年还在那片名利场上,凭着自己的兴趣、热情和执着,苦苦经营着少功利,甚至无功利的些许事情。

20世纪80年代后,我开始尝试文学的创作,写作诗歌、杂文和散文。我写散文有一个重要的缘由,是《霞雅家报》的创办,该报是2003年年初我倡议办的。这是著名历史学家王伯祥先生的后人办的一份族人内部刊物。我是伯祥先生的外孙,担任该报主编,开始时为不定时出版,后来固定为每月一期。开办时稿源不足,我就不得不写些散文补白。这些散文有回忆往事的,有纪念人物的,有记录自己游历的,也有关于文化教育的杂议,多年下来不经意间竟累积了百余篇。本书选了其中一部分。这薄薄的集子记载了血肉相连的家族三代人的酸甜苦辣、喜怒哀乐。这些文章中,有的曾发表在《工人日报》《学习时报》《中国体育报》《羊城晚报》《华南师范大学学报》《出版博物馆》等报纸期刊上。其中几篇主要的长文都得到过多位长辈、师长、兄弟和同仁的指点,当我将文章集成一册的时候,他们之中有几位已经不幸逝去。每当忆起我的外公鼓励我写文章,我的母亲帮我改稿子,我的表弟和挚友升埛和我一起讨论写作计划的时候,那过去的一幕一幕仿佛还在眼前。我多么希望能追回那些美好的时光,而今天只有将这本集子奉献给远在天国的他们,才能了却我的这段心愿。

这些文字说不上属于家庭,还是社会;历史,还是时代。在中国巨大的社会变革潮流中，它只能算是一笔微不足道的速写，如果还能留给读者些许感悟，那就让我大大喜出望外了。

书名《深一脚浅一脚》是猛然间想到的，我的一生好像就是这样深深浅浅、摇摇晃晃地走过来的。《华南师范大学学报》曾为我开了一个专栏，叫"容笑斋漫笔"，于是我就将此定为我本书的副题。

十分感谢老作家、诗人刘征先生为这本书写序。刘先生及夫人是我少年时代的老师，在生活中一直教导、激励着我。刘先生已经是八十高龄的老人，视力欠佳，仍然提笔为拙作作序，其精神实在让我敬佩。

还要十分感谢胡小明先生，他常是我的第一读者，我每次写出东西都首先发给他，他总能给我提出中肯的修改意见，让我深深感到兄弟情谊的温暖。

也十分感谢青年作家赵瑜先生，我们是有30多年交情的老朋友。我与他还因为一段文字发生过令人难忘的故事，这本集子中有几篇文章谈到了那段酸楚的经历。我之所以向他求序，一是因为他是中国作家群中对体育涉足最深的人，二是因为我们之间难以割舍的情谊。我一出口，他便慨然应允了。

我的漱华姨、润华舅、元锴兄，我的妻子超美，我的岷儿和辰儿，以及朋友车路平、曹雯雯等人都为这本书做了大量文字校勘和封面设计的工作，在此也一并致谢。

卢元镇

2011年初春于北京容笑斋